Kauderwelsch
Band 38

Impressum

Rainer Krack
Bengali – Wort für Wort
erschienen im
REISE KNOW-HOW Verlag Peter Rump GmbH
Osnabrücker Str. 79, D-33649 Bielefeld

2. komplett überbearbeitete & neugestaltete Auflage 2000

Bearbeitung & Layout Claudia Schmidt
Umschlag Peter Rump
Layout-Konzept Günter Pawlak, FaktorZwo! Bielefeld
Fotos Helmut Hermann, außer Umschlag: Rainer Krack
Druck und Bindung Fuldaer Verlagsagentur, Fulda

ISBN 3-89416-513-8
Printed in Germany

Dieses Buch ist erhältlich in jeder Buchhandlung der BRD, Österreichs, der Schweiz und der Benelux. Bitte informieren Sie Ihren Buchhändler über folgende Bezugsadressen:

BRD Prolit GmbH, Postfach 9, 35461 Fernwald (Annerod) sowie alle Barsortimente

Schweiz AVA-buch 2000, Postfach 27, CH-8910 Affoltern

Österreich Mohr Morawa Buchvertrieb GmbH
Sulzengasse 2, A-1230 Wien

Benelux Assimil Benelux, 5-7 Rue des Pierres, B-1000 Bruxelles

direkt Wer im Buchhandel kein Glück hat, bekommt unsere Bücher auch direkt bei:
Rump Direktversand
Heidekampstraße 18, D-49809 Lingen (Ems) oder im Internet-Shop: **www.reise-know-how.de**

Zu diesem Buch ist eine **Audio-Kassette** erhältlich.
ISBN: 3-89416-444-1. Näheres dazu steht auf Seite 17.

Kauderwelsch

Rainer Krack

Bengali

Wort für Wort

REISE KNOW-HOW
im Internet

Aktuelle Reisetipps und Neuigkeiten, Ergänzungen nach Redaktionsschluss, Büchershop und Sonderangebote rund ums Reisen

www.reise-know-how.de

Der
REISE KNOW-HOW Verlag
Peter Rump GmbH
ist Mitglied der
Verlagsgruppe REISE KNOW-HOW

Kauderwelsch-Sprechführer sind anders!

Warum? Weil sie Sie in die Lage versetzen, wirklich zu sprechen und die Leute zu verstehen.

Wie wird das gemacht? Abgesehen von dem, was jedes Sprachbuch bietet, nämlich Vokabeln, Beispielsätze etc., zeichnen sich die Bände der Kauderwelsch-Reihe durch folgende Besonderheiten aus:

Die **Grammatik** wird in einfacher Sprache so weit erklärt, dass es möglich wird, ohne viel Paukerei mit dem Sprechen zu beginnen, wenn auch nicht gerade druckreif.

Alle Beispielsätze werden doppelt ins Deutsche übertragen: zum einen **Wort-für-Wort,** zum anderen in „ordentliches" Hochdeutsch. So wird das fremde Sprachsystem sehr gut durchschaubar. Denn in einer fremden Sprache unterscheiden sich z. B. Satzbau und Ausdrucksweise recht stark vom Deutschen. Ohne diese Übersetzungsart ist es so gut wie unmöglich, schnell einzelne Wörter in einem Satz auszutauschen.

Die **Autorinnen** und **Autoren** der Reihe sind Globetrotter, die die Sprache im Land selbst gelernt haben. Sie wissen daher genau, wie und was die einfachen Leute auf der Straße sprechen. Deren Ausdrucksweise ist nämlich häufig viel einfacher und direkter als z. B. die Sprache der Literatur.

Besonders wichtig sind im Reiseland die **Körpersprache, Gesten, Zeichen und Verhaltensregeln,** ohne die auch Sprachkundige kaum mit Menschen in guten Kontakt kommen. In allen Bänden der Reihe wird darum besonders auf diese Art der nonverbalen Kommunikation eingegangen.

Kauderwelsch-Sprechführer sind keine Lehrbücher, aber viel mehr als Sprachführer! Wenn Sie ein wenig Zeit investieren und einige Vokabeln lernen, werden Sie mit ihrer Hilfe in kürzester Zeit Informationen bekommen und Erfahrungen machen, die „taubstummen" Reisenden verborgen bleiben.

Inhalt

Konversation

Anhang

Vorwort

Bangladesch ist mit Sicherheit eines der „unentdecktesten" Länder der Welt. Dem Reisenden, der sich in das von zahllosen Flussläufen durchzogene ehemalige Ostbengalen begibt, sind Abenteuer so gut wie sicher. Die Bengalen werden den Fremden jedoch überall gastfreundlich (und neugierig!) aufnehmen und manche Tafel Reis mit ihm teilen. Wie viel besser ist es da, wenn man sich mit seinen Gastgebern in der Landessprache verständigen kann – wie gebrochen auch immer!

Auf dem indischen Subkontinent genießen die Bengalen den Ruf, intellektuell angehauchte Individualisten zu sein. Bekannte Persönlichkeiten wie der Dichter Rabindranath Tagore haben dieses Image auch geprägt. In Indien wird oft über das Interesse der Bengalen an Politik gescherzt: Wie könne man den Charakter der Bengalen am besten beschreiben? Nun, 1 Bengale ist entweder Dichter oder Philosoph. Treffen sich 2 Bengalen, gründen sie einen literarischen Zirkel. 3 Bengalen verlegen ein politisches Magazin (Herausgeber, Redakteur, Leser). 4 Bengalen bilden einen politischen Demonstrationszug. Und 5 Bengalen zusammen sind das Chaos!

Um mit den Bengalen zwischen geistigem Höhenflug und Chaos zu kommunizieren, wurde dieser Sprechführer erstellt. In diesem Sinne: bangla shekho (lerne Bengali)!

Hinweise zur Benutzung

Der Sprechführer „Bengali" gliedert sich in die drei wichtigen Hauptabschnitte „Grammatik", „Konversation" und „Wörterliste".

Grammatik

Die Grammatik beschränkt sich auf das Wesentliche und ist so einfach gehalten wie möglich. Deshalb sind auch nicht alle Ausnahmen und Unregelmäßigkeiten der Sprache erklärt. Sie können natürlich auch sofort mit dem Konversationsteil beginnen und die Grammatik nur zum Nachschlagen verwenden.

Konversation

In diesem Teil finden Sie Sätze aus dem Alltagsgespräch, die Ihnen einen ersten Eindruck davon vermitteln sollen, wie die bengalische Sprache „funktioniert" und die Sie auf das vorbereiten sollen, was Sie später im Land hören werden.

Benutzen Sie die Beispielsätze auch als Fundus von Satzschablonen und -mustern, die Sie selbst Ihren Bedürfnissen anpassen.

Zusatzinformationen stehen in der Wort-für-Wort-Übersetzung in Klammern.

Die Wortfolge des Bengali können Sie anhand der Wort-für-Wort-Übersetzung nachvollziehen. Jedem bengalischen Wort entspricht ein Wort in der Wort-für-Wort-Übersetzung. Wird ein bengalisches Wort im Deutschen durch zwei Wörter übersetzt, sind diese durch einen Bindestrich verbunden:

hoṭel nai.
Hotel nicht-ist
Es gibt kein Hotel.

apni kemon achen?
Sie wie befinden(resp.)
Wie geht es Ihnen?

Wörter, die man in einem Satz untereinander austauschen kann, werden durch Schrägstrich getrennt.

resṭurent / paykhana kothay (ache)?
Restaurant / Toilette wo (ist)
Wo ist ein Restaurant / die Toilette?

Wörter in Klammern können entfallen.

Mit Hilfe der Wort-für-Wort-Übersetzung können Sie die Beispielsätze leicht Ihren eigenen Bedürfnissen anpassen, auch wenn das Ergebnis nicht immer perfekt ist.

Wörterlisten

Die Wörterlisten am Ende des Buches helfen Ihnen dabei. Sie enthalten einen Grundwortschatz „Deutsch-Bengali" und „Bengali-Deutsch" von je ca. 1.000 Wörtern, mit denen man schon eine Menge anfangen kann.

Umschlagklappe

Die Umschlagklappe hilft, die wichtigsten Sätze und Formulierungen stets parat zu haben. Hier finden sich schnell die wichtigsten Angaben zur Aussprache und eine kleine Liste der wichtigsten Fragewörter, Richtungs- und Zeitangaben. Aufgeklappt ist der Umschlag eine wesentliche Erleichterung, da nun die gewünschte Satzkonstruktion mit dem entsprechenden Vokabular aus den einzelnen Kapiteln kombiniert werden kann. Wenn alles nicht mehr weiterhilft, dann ist vielleicht das Kapitel „Nichts verstanden? – Weiterlernen!" der richtige Tipp. Es befindet sich ebenfalls im Umschlag, stets bereit, mit der richtigen Formulierung für z. B. „Ich habe leider nicht verstanden." oder „Wie bitte?" auszuhelfen.

Über die Sprache

Bengali ist ein Abkömmling des Sanskrit und gehört somit der indogermanischen Sprachenfamilie an. In Schrift und Vokabular ähnelt es dem Hindi, die Grammatik dieser beiden Sprachen ist jedoch vollkommen verschieden. Wer ein wenig Hindi spricht, wird feststellen, dass er sich die Bengali-Vokabeln aus seinen Hindi-Vokabeln fast „zurechtbiegen" kann, wenn er einige immer wiederkehrende Lautverschiebungen beachtet:

So wird ein kurzes a im Hindi zu einem o im Bengali, ein w-Laut zu einem b und s zu sh. Die Grammatik ist allerdings schwieriger als die des Hindi, aber glücklicherweise ist das auf der Straße gesprochene Bengali weitaus simpler als das literarische. Im „Straßen-Bengali" werden beispielsweise komplizierte Verbformen einfach verkürzt und somit vereinfacht.

Bengali steht in der Weltrangliste der meistgesprochenen Sprachen etwa an 10. Stelle. Insgesamt dürften es über 200 Millionen Menschen sein, die sich mittels Bengali verständigen. 140 Millionen entfallen dabei auf Bangladesch, 65 Millionen auf den benachbarten indischen Bundesstaat West Bengal mit seiner Hauptstadt Kalkutta, dazu kommen einige Sprecher in den Grenzgebieten der indischen Bundesstaaten Bihar, Orissa und Assam.

Zahlen

Um Ihnen den Umgang mit Zahlen zu erleichtern, wird auf jeder Seite die Seitenzahl auch auf Bengali angegeben!

CHINA
TIBET
NEPAL
BHUTAN
BANGLADESH
Dhaka
INDIEN
MYANMAR
LAOS
THAILAND
300 km
SRI LANKA
INDONESIEN

Das Bengali ist heute die Amtssprache Bangladeschs. Bis zur Unabhängigkeit im Jahre 1971 wurde zudem auch Urdu gesprochen. Schließlich war Bangladesch bis zu diesem Zeitpunkt „Ostpakistan" und somit ein Teil des damals in zwei Stücke geteilten Pakistans, dessen Amtssprache auch heute das Urdu ist. Die älteren Einwohner Bangladeschs können noch immer Urdu sprechen, die jüngeren lernen nur noch Bengali und etwas Englisch.

Wie nicht anders zu erwarten, gibt es auch im Bengali eine Vielzahl von Dialekten, die sich bisweilen stark voneinander unterscheiden. So besteht ein erheblicher Unterschied zwischen dem Bengali, das in der Hauptstadt Bangladeschs, in Dhaka, gesprochen wird, und dem in Chittagong im Süden des Landes. In diesem Sprechführer wurde auf eine möglichst neutrale Aussprache Rücksicht genommen, die sich teilweise an Westbengalisch, teilweise am Dhaka-Akzent orientiert.

Erfahrungsgemäß stellt man sich gut auf dialektale Varianten ein, wenn man sich im Land „eingehört" hat.

In den hügeligen Grenzgebieten zu Myanmar (Burma) werden von einigen Volksgruppen Sprachen gesprochen, die nichts oder sehr wenig mit Bengali gemeinsam haben, aber auch dort wird Bengali verstanden.

Die Schrift

In diesem Alphabet werden auch Hindi und Sanskrit geschrieben.

Das Bengali-Alphabet ähnelt dem Devanagari-Alphabet. Das Bengali verfügt über 11 Selbstlaute und 36 Mitlaute, dazu kommt noch eine Reihe von Mitlaut-Kombinationen.

Selbstlaute (Vokale)				
অ	আ	ই	ঈ	উ
a, ô	**a** *(lang)*	**i**	**i** *(lang)*	**u**
ঊ	এ	ঐ	ও	ঔ
u *(lang)*	**e**	**oi**	**o**	**ou**

Mitlaute (Konsonanten)				
ক	খ	গ	ঘ	ঙ
k	**kh**	**g**	**gh**	**ng**
চ	ছ	জ	ঝ	ঞ
c	**ch**	**j**	**jh**	**ng**
ট	ঠ	ড	ঢ	ণ
ṭ	**ṭh**	**ḍ**	**ḍh**	**ṇ**
ত	থ	দ	ধ	ন
t	**th**	**d**	**dh**	**n**
প	ফ	ব	ভ	ম
p	**ph, f**	**b**	**bh**	**m**
য	র	ল	ব	শ
j, y	**r**	**l**	**w**	**sh**
ষ	স	হ	ড়	ঢ়
sh	**s, sh**	**h**	**ṛ**	**ṛh**
য়	ৎ	ং		
j, y	**t**	**ng**		

Da der Unterschied zwischen den kurzen und langen Selbstlauten von Nicht-Bengalen nicht hörbar ist, werden diese in der Lautschrift auch nicht kenntlich gemacht.

Außerdem gibt es noch die Zeichen ঃ („Enthaltung", Wort wird mit dem Mitlaut ausgehaucht) und das Nasalzeichen ঁ.

Aussprache & Betonung

Das Bengali bietet einige Laute, die dem Deutschsprachigen unbekannt sind und ihm somit reichlich Übung abverlangen – ein weites Feld für Zungenakrobaten!

„normale" Mitlaute

Folgende Mitlaute (Konsonanten) werden anders als im Deutschen ausgesprochen:

Die hier aufgeführten Mitlaute sind „unbehaucht".

j	wie „dsch" in „**Dsch**ungel **kaj** (Arbeit)
y	wie „ j" in „**ja**" **shomôy** (Zeit)
c	wie „tsch" in „**tsch**üss" **cabi** (Schlüssel)
r	wie engl. „r" in „**r**oll" **dôr** (Preis)
sh	wie „sch" in „**Sch**ule" **shomôy** (Zeit)
s	immer scharfes „s" wie in „Bu**s**" **gusolkhana** (Badezimmer)
ng	wie „ng" in „la**ng**", das „g" wird nicht deutlich ausgesprochen **bangla** (Bengali)

behauchte Mitlaute

Als nächstes gibt es die sogenannten „behauchten" (aspirierten) Mitlaute. Das bedeutet, dass das in ihnen vorhandene h deutlich hörbar zu machen ist!

bh	„b“ mit nachgehauchtem „h“, etwa wie in „lo**bh**udeln“ **bhai** (Bruder)
ch	„tsch-h“, etwa wie in „Pat**schh**and“ **gach** (Baum)
dh	„dh“, etwa wie im engl. „ma**dh**ouse“ **ãdhar** (dunkel)
gh	„gh“, etwa wie in „Lan**gh**aus“ **ghori** (Uhr)
jh	etwa wie „dsch“ in „**Dsch**ungel“ mit nachgehauchtem „h“ **majhi** (Bootsman)
kh	„kh“, etwa wie in „Ba**ckh**efe“ **cokh** (Auge)
ph	wie in „Pa**pph**aus“ **phul** (Blume)
th	wie in „Ta**th**ergang“ **thala** (Teller)

unbehauchte Mitlaute

Was für die behauchten Mitlaute gilt, gilt im umgekehrten Sinn für die „unbehauchten“ Mitlaute. Da man im Deutschen die Mitlaute sowieso eher behaucht ausspricht, müssen wir uns bemühen, sie ohne ein nachgehauchtes „h“ auszusprechen. Das kann man üben, indem man z. B. ein deutsches „k“ spricht und dabei die flache Hand vor den Mund hält! Sie werden einen Lufthauch verspüren. Bei einem unbehauchten „k“ darf dieser Lufthauch nicht zu spüren sein! Dasselbe gilt für alle anderen unbehauchten Mitlaute.

b	**bash** (Bus)
d	**dur** (weit)
g	**gan** (Lied)
k	**kache** (nah)
p	**pulish** (Polizei)
t	**dutabash** (Botschaft)
m	**mondir** (Tempel)

Retroflexe

Die Retroflexe sind eine Spezialität der indischen Sprachen. Man kann sie mit „die Zurückgebogenen“ übersetzen. In der Tat muss zur korrekten Aussprache dieser Laute die Zungenspitze nach hinten eingerollt und gegen die Gaumendecke gedrückt werden. Den Retroflexen wird ein Punkt untergesetzt.

Für bengalische Ohren sind die Retroflexe keinesfalls identisch mit den normalen Lauten. Eine falsche Aussprache kann evtl. den Sinn eines Wortes verändern!

ḍ	**ḍakṭar** (Doktor, Arzt)
ḍh	**ḍhila** (locker, lose)
ṇ	**proṇam** (Ehrerbietung)
ṛ	**baṛi** (Haus)
ṛh	**daṛhi** (Bart)
ṭ	**hoṭel** (Hotel)
ṭh	**ṭhik** (richtig)

Selbstlaute

Die Selbstlaute (Vokale) werden in der Regel wie im Deutschen ausgesprochen. Bei kombinierten Selbstlauten, die im Deutschen meistens „zusammengezogen“ ausgesprochen werden, muss man jedoch aufpassen.

o	geschlossenes „o“ wie in „**o**ben“ **dokan** (Geschäft)
ô	offenes „o“ wie in „**o**ffen“ **ghôṛ** (Zimmer, Haus)
ei	„e-i“ werden deutlich nacheinander gesprochen wie in „S**eei**gel“ **ei-ṭa** (dieses hier)
oi	„o“ und „i“ werden nacheinander gesprochen **oirabot** (Elefant)
ou	„o“ und „u“ werden nacheinander gesprochen **couki** (Bettgestell)

Dasselbe gilt für andere eventuell auftretende Kombinationen!

Nasale

Die nasalierten Selbstlaute werden gesprochen, als folgte ihnen ein durch die verschnupfte Nase versuchtes schwaches „n“.

ã	**bã** (links)
ã̄	**hã̄** (ja)
ẽ	**bẽka** (schief)
ĩ	**shĩṛi** (Treppe)
õ	**ṭhõt** (Lippe)
ũ	**ũca** (hoch)

Nasalierte Selbstlaute werden durch das Nasalzeichen kenntlich gemacht.

Betonung

Wird nicht die erste Silbe betont, wird der Selbstlaut der betonten Silbe unterstrichen:

ache! (ist) **shomôy** (Zeit)

Wörter, die weiterhelfen

Irgendwann ist es soweit. Dann steht man tatsächlich auf dem Flughafen Dhakas oder Kalkuttas und überlegt sich, wie's nun weitergehen soll. Direkt ein Hotel suchen? Oder erst mal abwarten und eine Tasse Tee trinken? Oder vielleicht doch erst mal den Kopf unter Wasser halten, weil's so heiß ist?

Jeder Bengale wird angenehm überrascht sein, wenn man die folgenden Sätze für die Weiterreise parat hat.

Wo ist ...?

Das ache *(ist, es gibt) kann in dieser Frage auch entfallen.*

hoṭel kothay (ache)?
Hotel wo (ist)
Wo ist ein Hotel?

In diesen Satz kann man z.B. folgende Wörter unverändert einsetzen:

oushudher dokan, oushudhkhana	Apotheke
ḍakṭar	Arzt
benk	Bank
bajar	Basar, Markt
dutabash	Botschaft
boier dokan	Buchladen
bash, gari	Bus
biman bonder	Flughafen
shamanghôṛ	Gepäckraum
dokan	Geschäft, Laden
hoṭel	Hotel
hãshpaṭal	Krankenhaus

mashji̱d	Moschee
puli̱sh	Polizei
thana	Polizeistation
poshṭ affish	Postamt
reshṭorenṭ, reshṭuran	Restaurant
ṭäksi	Taxi
ṭelifon, durbhasha	Telefon
mondir	Tempel
paykhana	Toilette
gusolkhana	Waschraum

Auf die Frage „Wo ist ...“ wird man Ihnen die (hoffentlich richtige!) Richtung weisen. Es ist also wichtig, die Antwort gut zu verstehen:

bã/bam	links
bã dike, bam dike	nach links
dan	rechts
dan dike, dan, dane	nach rechts
shoja	geradeaus
ei dike	in diese Richtung
oi dike	in jene Richtung
ekhane	hier
okhane	dort
ekdom kache	ganz nah
kache	nah
dur	weit
beshi dur	sehr/zu weit

jani na!
weiß(-ich) nicht
Ich weiß nicht!

Gibt es ...?

Nehmen Sie ache *(ist) statt* kothay *(wo) und fragen Sie:*

hoṭel ache?
Hotel ist
Gibt es ein Hotel?

dokan ache?
Geschäft ist
Gibt es ein Geschäft?

Ja & Nein

hā̃	ja
na	nein
ji hā̃	ja, mein Herr/meine Dame

Häufig wird dieses ji hā̃ jedoch auf ein knappes ji verkürzt. Das ji kann dann Zustimmung bedeuten: „Ja!, Jawohl!, Richtig!, Gut!, Okay!". Am Telefon bedeutet es soviel wie „Ich höre! Sprechen Sie bitte!".

hā̃, hoṭel ache.
ja, Hotel ist
Ja, es gibt ein Hotel.

na, hoṭel nai/nei.
nein, Hotel nicht-ist
Nein, es gibt kein Hotel.

Bengalisch-Englisch

Englisch geschriebene (und auszusprechende) Wörter werden mit der Abkürzung „engl." gekennzeichnet.

Eine ganze Reihe englischer Ausdrücke hat den Weg ins Bengalische gefunden, und diese werden Sie in der Umgangssprache sehr häufig hören. Die Aussprache ist dabei nicht unbedingt das, was ein britischer Schulmeister gerne hört, sondern reichlich „bengalisiert". Die meisten dieser t- und d-Laute werden als Retroflexe ausgesprochen werden, also als ṭ und ḍ! Außerdem wird s oft zu sh!

Hauptwörter

Die Hauptwörter (Substantive) werden im Bengali nicht wie bei uns hinsichtlich des grammatischen Geschlechtes (männlich, weiblich, sächlich) unterschieden. Die Ausnahme bilden einige Wörter mit Sanskrit-Herkunft, die im Rahmen dieses Kauderwelsch-Führers jedoch ohne Belang sind.

baṛi	**chele**	**meye**
Haus	Junge	Mädchen

Persönliche Hauptwörter

Persönliche Hauptwörter sind Hauptwörter, die Personen (also nicht alle Lebewesen!) bezeichnen, z. B.:

purush	**mohila**	**bacca**
Mann	Frau	Kind
jubôk	**juboti**	
junger Mann	junge Frau	

Mehrzahl

Einzahl (Singular) und Mehrzahl (Plural) sind in der Regel identisch: baṛi (Haus) kann somit auch „Häuser" bedeuten, wenn aus dem Satzzusammenhang hervorgeht, dass es sich um die Mehrzahl handelt. Die Mehrzahl kann auch mit den Mengenangaben „einige, viele, mehrere" oder den Zahlwörtern „zwei, drei" usw. ausgedrückt werden.

ônek baṛi	**du-ṭo baṛi**
viele Haus	*zwei-die Haus*
viele Häuser	zwei Häuser

Geht aus dem Zusammenhang nicht hervor, dass es sich um die Mehrzahl handelt, wird die Endung -ra, -gulo, -guli an das betreffende Hauptwort angehängt:

manush	*Mensch*	Mensch
manushgulo	*Mensch-viel*	Menschen
phul	*Blume*	Blume
phulguli	*Blume-viel*	Blumen

Ausnahmen sind:

„Kinder" kann aber auch baccara *oder* baccagulo *heißen.*

bacca	**chele-meye**
Kind	*Junge-Mädchen*
Kind	Kinder

baba	**ma**	**baba-ma/ma-baba**
Vater	Mutter	Eltern

Bestimmungspartikel

Es gibt im Bengali keinen unbestimmten Artikel (Geschlechtswort) „ein, eine". So kann z. B. baṛi mit „ein Haus" oder aber nur mit „Haus" übersetzt werden.

Stattdessen kennt das Bengali die Bestimmungspartikel -ṭi und -ṭa, die an die Hauptwörter gehängt werden, um eine nähere Bestimmung auszudrücken. Auf diese Art nehmen diese Anhängsel also den Platz unserer bestimmten Artikel „der, die, das" ein.

Für Hauptwörter, die Gegenstände bezeichnen, hängt man in der Einzahl -ṭa an, für persönliche Hauptwörter hängt man -ṭi an.

boi	(irgendein) Buch
boi-ṭa	das Buch (z. B. „über das wir gestern geredet haben")
baṛi	(irgendein) Haus
baṛi-ṭa	das Haus (z. B. „du weißt schon, welches ich meine")
chele	(irgendein) Junge
chele-ṭi	der Junge (z. B. „von dem Nachbarn dort")
meye	(irgendein) Mädchen
meye-ṭi	das Mädchen (z. B. „das wir am Tempel gesehen haben")

Vorsicht! Wird das für Gegenstände gedachte -ṭa an persönliche Hauptwörter angehängt, so kann dies Verachtung ausdrücken – eine subtile Art, jemanden zu beleidigen!

cor-ṭa	dieser (gemeine, elende) Dieb
muci-ṭa	dieser (nutzlose, dumme) Schuhflicker
putro-ṭa	dieser (nichtsnutzige) Sohn

Für die Mehrzahl werden die Bestimmungspartikel -guli, -gola bzw. -gulo angehängt, die für alle Hauptwörter (einschließlich der persönlichen Hauptwörter) gelten.

pakhi-gulo
Vogel-viele
die Vögel (z. B. „die wir beobachten")

gach-gulo
Baum-viele
die Bäume („dort")

chatro-gulo
Student-viele
die Studenten (z.B. „die bestimmten")

An Hauptwörter, die Gegenstände bezeichnen, können alternativ die Bestimmungspartikel -khana oder -khani gehängt werden.

Sehr gebräuchlich sind die letzten drei Beispiele.

gaṛikhani	das (bestimmten) Auto
baṛikhana	das (bestimmten) Haus
paykhana	die Toilette
ḍakṭarkhana	die Arzt-Praxis
ciriakhana	der Zoo

Dieses & Jenes

Die hinweisenden Fürwörter bzw. „Buchstaben" e (dieser, diese, diese) und o (jener, jene, jenes) stehen vor dem Hauptwort, auf das sie sich beziehen.

e-chele	**o-meye**
dieser-Junge	*jenes-Mädchen*
dieser Junge	jenes Mädchen

In der Regel wird den hinweisenden Fürwörtern zumindest ein -i angehängt, das eine verstärkende Wirkung ausübt:

ei	dieser, diese, dieses (hier)
oi	jener, jene, jenes (dort)

Sehr häufig soll das hinweisende Fürwort aber noch stärker betont werden, und so wird darüber hinaus die Bestimmungspartikel -ṭi (für persönliche Hauptwörter) oder -ṭa (für Gegenstände) angehängt:

ei-ṭi, ei-ṭa	dieser, diese, dieses (bestimmte)
oi-ṭi, oi-ṭa	jener, jene, jenes (bestimmte)

Eigenschaftswörter

Eigenschaftswörter (Adjektive) haben keine besonderen Formen oder Endungen und sind unveränderlich. Sie stehen vor den Hauptwörtern, die sie näher beschreiben:

Als Beifügung zum Hauptwort

bôṛo baṛi
groß Haus
(ein) großes Haus

baṛi-ṭa bôṛo.
Haus-das groß
das Haus ist groß

bari-ṭa besh bôṛo (ache)!
Haus-das sehr groß (ist)
Das Haus ist sehr groß.

Als Satzergänzung (Umstandswort)

Wird das Eigenschaftswort wie eine Satzergänzung gebraucht, um z. B. ein Tätigkeitswort (Verb) näher zu beschreiben, steht es unverändert vor dem betreffenden Tätigkeitswort. Das deutsche Tätigkeitswort „sein" entfällt im Bengali in der Gegenwart oft ganz.

meye-ṭi shundôr.
Mädchen-das hübsch
Das Mädchen ist hübsch/schön.

bash-ṭa joldi/taṛataṛi jay.
Bus-der schnell geht
Der Bus fährt aber schnell!

aste-aste jao!
langsam geh!
Geh langsam!

Liste wichtiger Eigenschaftswörter

alt *(Ding)*	**puraton**	neu	**nutôn**
alt *(Pers.)*	**buṛi/buṛa**	jung	**jowan**
billig	**shôsta**	teuer	**dami**
breit	**côora**	eng	**shoru**
gesund	**shustho**	krank	**oshustho**
glücklich	**shukhi**	traurig	**dukhito**
groß	**bôṛo**	klein	**choṭo**
schön	**shundôr**	hässlich	**kutsit**
heiß	**gôrom**	kalt	**ṭhanḍa**
lang	**lômba**	kurz	**choṭo**
langsam	**aste-aste**	schnell	**joldi**
leer	**khali**	voll	**bhorti**
leicht	**halka**	schwer	**bhari**
einfach	**sadharon**	schwierig	**koṭhin**
nass	**bhija**	trocken	**shukhno**
nutzlos	**ôkejo**	nützlich	**kajer**
geöffnet	**khola**	zu	**bôndho**
sauer	**ṭak**	süß	**mishṭi**
gut	**bhalo**	schlecht	**kharap**
sauber	**porishkar**	schmutzig	**môyla**
stark	**mojbut**	schwach	**durbôl**
weit	**dur**	nah	**kache**

Achtung: Ausnahmen sind buṛi *(„alt" für Frauen),* buṛo *(„alt" f. Männer)*

Farben

weiß	**shada**	gelb	**holud**
orange	**kômla-lebu**	rot	**lal**
violett	**lila**	blau	**nil**
grün	**shobuj**	grau	**dhushôr**
braun	**badami**	schwarz	**kalo**
hell-...	**fike, ujjôl**	dunkel-...	**gaṛho**

Steigern & Vergleichen

Um die 1. Steigerungsstufe (Komparativ) zu bilden, stellt man aro (mehr) dem betreffenden Eigenschaftswort voran:

bôṛo (groß)	wird zu	**aro bôṛo** (größer)
nutôn (neu)	wird zu	**aro nutôn** (neuer)

Für die 2. Steigerungsstufe (Superlativ) (z. B. „der größte/neueste") stellt man dem Eigenschaftwort shob ceye voran.

shob ceye boṛo jayga
alle als groß Platz
der (aller)größte Platz

shob ceye nutôn potrika
alle als neu Zeitschrift
die (aller)neueste Zeitschrift

Um Personen oder Gegenstände miteinander zu vergleichen, braucht man ceye (als). Das Hauptwort, das als Vergleich herangezogen wird, steht dabei im 2. Fall, ceye wird nachgestellt. Im bengalischen Vergleichssatz wird kein Tätigkeitswort benötigt, wenn dieser im Deutschen mit „sein" formuliert wird.

amar ceye tumi lômba.
mein-2 als du lang
Du bist größer als ich.

banglar ceye tamil koṭhin.
Bengali-2 als Tamil schwierig
Tamil ist schwieriger als Bengali.

shôhorer ceye gram nirjon.
Stadt-2 als Dorf ruhig
Das Dorf ist ruhiger als die Stadt.

narikeler ceye kôla shôsta.
Kokosnuss-2 von Banane billig
Bananen sind billiger als Kokosnüsse.

In der Umgangssprache werden manchmal auch khub oder oti (sehr, ganz) benutzt, um ein nachfolgendes Eigenschaftswort zu steigern:

khub bhalo	**oti shundôr**
sehr gut	sehr schön

Persönliche Fürwörter

Sowohl in Bangladesch als auch in Indien existieren strenge soziale Hierarchien. Diese hierarchischen Strukturen spiegeln sich auch in der Sprache wieder: So wird man im Bengali den Rikschafahrer nicht genauso ansprechen wie den Herren im feinen Tuch.

Im Bengali gibt es drei Arten, das „Sie" oder „du" auszudrücken: höflich, neutral oder vertraulich. Die höflichen/respektvollen Varianten verwendet man jeweils, wenn man die angesprochene Person (bzw. die, über die man gerade spricht) als sozial höherstehend betrachtet oder auch wenn man von älteren Personen spricht. Die neutralen Varianten der persönlichen Fürwörter (Personalpronomen) werden für sozial gleichgestellte Personen verwendet, die „vertraulichen" Varianten dementsprechend für Jüngere oder sozial niedriger stehende Personen.

Einzahl

ami	ich
tui	du (vertraulich, gegenüber Jüngeren/Kindern, auch unter engen Freunden)
tumi	du (neutral bis normal höflich, aber auch gegenüber Jüngeren)
apni	Sie (respektvoll)
she	er, sie, es (neutral)
tini	er, sie, es (respektvoll)

Mehrzahl

amra	wir
tora	ihr (vertraulich)
tomra	ihr (neutral)
apnara	Sie (respektvoll)
tara, tahara	sie (neutral)
tãra, tãhara, ora	sie (respektvoll)

Da die persönlichen Fürwörter nicht zwingend mitgenannt werden müssen, geht oft nur aus dem Sinnzusammenhang hervor, wer genau gemeint ist.

In bengalischen Familien duzen sich (ältere wie jüngere) Geschwister mit tui. In einigen Familien wird unterschieden: Jüngere verschwägerte Familienmitglieder werden mit tumi, ältere verschwägerte mit apni angeredet. Der Ladeninhaber wird mit apni, der Handwerker, der ins Haus kommt, evtl. mit tumi, aber sonst auch mit apni angeredet. Das „Gefühl" spielt also eine große Rolle. Für den Fremden ist tui verboten, tumi nur bei Gewissheit. Um Fehlern vorzubeugen, sollte man Fremde immer mit apni (Sie) anreden.

In der Wort-für-Wort-Übersetzung wird die „respektvolle" Variante der persönlichen Fürwörter mit „resp." gekennzeichnet. Die „neutralen" Fürwörter werden nicht extra gekennzeichnet. Auf die vertraulichen Anreden wird im Weiteren nicht näher eingegangen, da man sie nur äußerst selten benutzen würde.

Besitzanzeigende Fürwörter

Die besitzanzeigenden Fürwörter (Possessivpronomen) sind die im 2. Fall gebeugten persönlichen Fürwörter. Sie stehen immer vor dem Hauptwort, auf das sie sich beziehen.

Die besitzanzeigenden Fürwörter werden in der Wort-für-Wort-Übersetzung zusätzlich mit der Fallnummer „2" gekennzeichnet.

Einzahl		**Mehrzahl**	
amar	mein	**amader**	unser
tor	dein (vertr.)	**toder**	euer (vertr.)
tomar	dein	**tomader**	euer
apnar	Ihr (resp.)	**apnader**	Ihr (resp.)
tar	sein, ihr	**tader**	ihr
tãr	sein, ihr (resp.)	**tãder**	Ihr (resp.)

amar bhai	**tomader ma**	**toder baṛi**
mein-2 Bruder	*eure-2 Mutter*	*euer-2 Haus*
mein Bruder	eure Mutter	euer Haus

Sein & Haben

Im Bengalischen gibt es nur das Tätigkeitswort „sein". „Haben" wird anders formuliert.

sein

Im Bengali ist das Tätigkeitswort (Verb) hôwa (sein) kein Hilfsverb wie im Deutschen, das zur Bildung der zusammengesetzten Zeiten benötigt wird. In der Gegenwart, Vergangenheit und Zukunft hat es jeweils einen anderen Stamm, an den die Personalendungen, die Auskunft über die handelnde Person („ich, du, er ...") geben, angehängt werden.

Übrigens unterscheidet das Tätigkeitswort „sein" nicht, ob die betreffende Person in der Ein- oder Mehrzahl steht. So lauten die Formen für „ich" oder „wir", „du" oder „ihr" usw. jeweils gleich. Man braucht sich daher für jede Zeitform nur jeweils vier Formen zu merken.

Das Gleiche gilt auch für alle anderen Tätigkeitswörter!

1. Pers.:	„ich, wir"
2. Pers.:	„du, ihr"
3. Pers.:	„er/sie/es, sie (Mz)"
resp.:	„er/sie/es, sie (Mz), Sie (Ez/Mz)"

Gegenwart

Stamm Gegenwart: ach-		
1. Pers.	**ach-i**	ich bin, wir sind
2. Pers.	**ach-o**	du bist, ihr seid
3. Pers.	**ach-e**	er/sie/es ist, sie sind
resp.	**ach-en**	er/sie/es ist, sie/Sie sind

Die Personalendungen werden hier vom Stamm getrennt dargestellt.

Die Gegenwartsformen von „sein“ werden in der Umgangssprache meistens weggelassen.

ami chatro (achi). *ich Student (bin)* Ich bin Student.

tãra bhalo lok (achen). *sie(resp.) gut Mensch (sind)* Sie sind gute Leute.

tini ḍakṭar (achen). *er(resp.) Arzt (ist-resp.)* Er ist Arzt.

she riksha-wala (ache). *er Rikshafahrer (ist)* Er ist Rikshafahrer.

Verneinung in der Gegenwart

Die Verneinung der obigen Sätze wirft ein kleines Problem auf: Es gibt es im Bengali nämlich verschiedene Ausdrücke für „nicht“, je nachdem welche Person „verneint“ werden soll. Wenn ich also sage „Ich bin kein (bzw. nicht) Student.“, muss ich ein anderes „nicht“ benutzen, als wenn ich behaupte „Er ist nicht Student“.

ami/amra noi	ich bin nicht, wir sind nicht
tumi/tomra nôo	du bist nicht, ihr seid nicht
she/tara nôy	er/sie/es ist nicht, sie sind nicht
tini/tãra nôn	er/sie/es ist nicht, sie/Sie sind nicht (resp.)

Wem das zu kompliziert ist, der kann sich mit einem kleinen Trick behelfen. Denn anstatt aus Verzweiflung „ja“ zu sagen, nur weil man das „nein“ nicht beherrscht, kann man sich die Sache vereinfachen und immer na (nein) zur Verneinung benutzen!

ami chatro na.
ich Student nicht
Ich bin kein Student

Der Satz ami chatro na ist zwar grammatikalisch nicht korrekt – eigentlich muss man noi anstatt na sagen! –, wird aber von allen richtig verstanden.

Vergangenheit

Stamm Vergangenheit: chil-	
chil-am	ich war, wir waren
chil-e	du warst, ihr wart
chil-o	er/sie/es war, sie waren
chil-en	er/sie/es war, sie/Sie waren (resp.)

Zukunft

Stamm Zukunft: hô-	
hô-bo	ich werde sein, wir werden sein
hô-be	du wirst sein, ihr werdet sein
hô-be	er/sie/es wird sein, sie werden sein
hô-ben	er/sie/es wird sein, sie/Sie werden sein (resp.)

haben

Für das deutsche „haben“ (im Sinne von „besitzen“) gibt es im Bengali kein entsprechendes Tätigkeitswort. Stattdessen behilft man sich mit den besitzanzeigenden Fürwörtern und dem Tätigkeitswort „sein“.

amar ek-ṭi chele ache.
mein-2 ein-der Sohn ist
Ich habe einen Sohn.

amar ṭaka-pôysha nai.
mein-2 Geld nicht-ist
Ich habe kein Geld.

tar pesha nai.
sein-2 Beruf nicht-ist
Er hat keinen Beruf.

Um ein Besitzverhältnis auszudrücken, kann auch das Hauptwort, das den Besitzer kennzeichnet, im 2. Fall gebeugt werden.

tini amar desher lok nôn.
er(resp.) mein-2 Land-2 Mann nicht-ist(resp.)
Er ist nicht mein Landsmann.

dokandar-ṭir kharap mal.
Ladenbesitzer-der-2 schlecht Ware
Der Ladenbesitzer hat schlechte Ware.

amar bondhur ônek bideshi potrika ache.
mein-2 Freund-2 viel ausländisch Zeitschrift ist
Mein Freund hat viele ausländische Zeitschriften.

ei-ṭa kon montrir baṛi?
dies-das welcher Minister-2 Haus
Welchem Minister gehört dieses Haus?

Tätigkeitswörter & Zeiten

Die Tätigkeitswörter (Verben) sind nicht gerade ein einfaches Kapitel im Bengali: Die Beugung - das sei vorweg gesagt - ist nicht unbedingt leicht zu erlernen, da es einige Varianten gibt. Nicht immer kann man von der Grundform auf den Stamm, der zur Beugung in den verschiedenen Zeiten benötigt wird, schließen.

„Echte" unregelmäßige Tätigkeitswörter gibt es nur sehr wenige. Ein Anfänger wird sie kaum benutzen.

Tätigkeitshauptwort

Die Form, in der die bengalischen Tätigkeitswörter in den Wörterlisten aufgeführt werden, ist nicht die Grundform (Infinitiv), sondern das dazugehörige Tätigkeitshauptwort (Verbalsubstantiv).

„Tätigkeitshauptwort" bedeutet, dass das Tätigkeitswort wie ein Hauptwort übersetzt wird. Im Deutschen ist diese Wortart auch bekannt. Vergleichen Sie „gehen" und „Das Gehen", „kommen" und „Das Kommen" usw. Bengalische Tätigkeitshauptwörter enden meist auf -a oder -wa, aber auch andere Endungen, wie -na, -ano etc., kommen vor.

Tätigkeitshauptwörter werden hier wie Tätigkeitswörter übersetzt. „Echte" Tätigkeitswörter werden in der Wort-für-Wort-Übersetzung durch „zu" ergänzt.

bol-a	sprechen
de-wa	geben
ja-wa	gehen
go-na	zählen
ghum-ano	schlafen

Rückbezügliche (reflexive) Tätigkeitshauptwörter haben im Bengali genau die gleiche Form wie alle anderen Tätigkeitshauptwörter auch und werden auch genauso gebeugt. Der rückbezügliche Sinn ist im Stamm bereits enthalten:

sho-wa	sich hinlegen

Nicht von der Grundform, sondern vom Tätigkeitshauptwort werden die gebeugten Formen des Tätigkeitswortes abgeleitet.

Grundform

Die Grundform der Tätigkeitswörter wird nur dann benötigt, wenn zwei Tätigkeitswörter kombiniert werden, z. B. „ich muss gehen", „ich kann kommen" usw.

Die Grundform wird wie folgt gebildet: Die Endung -a, -na bzw. -wa des Tätigkeitshauptwortes wird durch -te ersetzt. Falls der Stamm auf -a endet, wird dieses -a durch -e ersetzt.

Tätigkeitshauptwort		Grundform
bol-a (sprechen)	wird zu	**bol-te**
ash-a (kommen)	wird zu	**ash-te**
de-wa (geben)	wird zu	**de-te**
ja-wa (gehen)	wird zu	**je-te**
kha-wa (essen)	wird zu	**khe-te**
go-na* (zählen)	wird zu	**gun-te**

*Achtung: gona (zählen) ist eine Ausnahme!

Stamm

Den Stamm eines Tätigkeitswortes erhält man, indem man das Endungs-a bzw. -na/-wa des Tätigkeitshauptwortes abstreicht. So ist beispielsweise an- der Stamm von ana (bringen), kôr- ist der Stamm von kôra (machen, tun), ja- ist der Stamm von jawa (gehen) usw.

Personalendungen

Um ein Tätigkeitswort zu beugen, wird an den Stamm eine Personalendung anhängt, die Auskunft über die handelnde Person gibt („ich, du, er …“) und auch über die Zeit (Gegenwart, Vergangenheit, Zukunft). Wie bereits erwähnt, werden Einzahl und Mehrzahl nicht unterschieden! Die regelmäßigen Personalendungen lauten wie folgt:

	Gegenw.	**Vergang.**	**Zukunft**	
1. Pers.	**-i**	**-echi**	**-bo**	*„ich, wir“*
2. Pers.	**-o**	**-(y)echo**[1]	**-be**	*„du, ihr“*
3. Pers.	**-e/-y**[2]	**-(y)eche**[1]	**-be**	*„er/sie/es, sie (Mz)“*
resp.	**-en/-n**[3]	**-(y)echen**[1]	**-ben**	*„er/sie/es, sie (Mz), Sie“*

Bitte beachten Sie die ausspracheBedingten Varianten für die Personalendungen: Endet nämlich der Stamm auf einen Selbstlaut …

1) wird die Endung um -y ergänzt.
2) wird -y (statt -e) angehängt.
3) wird -n (statt -en) angehängt.

Wenn man überhaupt nicht mehr weiter weiß und sich im wahrsten Sinne des Wortes „sprachlos“ fühlt, hilft die alte Methode, die auch im Deutschen verstanden wird, weiter: Benutzen Sie einfach das ungebeugte Tätigkeitshauptwort, auch wenn das grammatikalisch nicht korrekt ist!

ajke Ḍhaka jawa.
heute Dhaka gehen
Heute fahren nach Dhaka.
(= Heute fahre ich nach Dhaka.)

Beugung

Glücklicherweise gibt es eine Vielzahl von Tätigkeits(haupt)wörtern, die aus einem anderen Wort + kôra (machen, tun) zusammengesetzt sind. Daher habe ich das Tätigkeitshauptwort kôra ausgesucht, um die Beugung in den verschiedenen Zeitformen zu demonstrieren.

Die Personalendungen sind hier zu Veranschaulichung mit einem Bindestrich vom Stamm getrennt. Die persönlichen Fürwörter stehen wie im Deutschen vor dem gebeugten Tätigkeitswort. Sie können jedoch entfallen, wenn aus dem Sinnzusammenhang hervorgeht, welche Person gemeint ist.

Achtung: Das ô in kôr- wird nicht immer wie ô, sondern auch mal nur wie o ausgesprochen.

Gegenwart	
kor-i	ich tue, wir tun
kôr-o	du tust, ihr tut
kôr-e	er/sie/es tut, sie tun
kôr-en	er/sie/es tut, sie/Sie tun (resp.)

Vergangenheit	
kor-echi	ich habe gemacht, wir haben gemacht
kor-echo	du, ihr habt gemacht
kor-eche	er/sie/es hat gemacht, sie haben gemacht
kor-echen	er/sie/es hat gemacht, sie/Sie haben gemacht (resp.)

Die mit „Vergangenheit“ bezeichnete Zeit entspricht der deutschen vollendeten Gegenwart.

Zukunft	
kor-bo	ich, wir werden tun
kor-be	du, ihr werdet tun
kor-be	er/sie/es wird tun, sie werden tun
kor-ben	er/sie/es wird tun, sie/Sie werden tun (resp.)

Achtung! Der Bengale ist sehr genau in der Anwendung der Zukunftsformen. Soll eine Tätigkeit in der Zukunft stattfinden, so muss das Tätigkeitswort auch in der Zukunftsform gebeugt werden. Im Deutschen verwenden wir oft Gegenwartsformen, meinen aber die Zukunft.

Abweichungen vom Beugungsmuster

Einige Stämme sowie Personalendungen weichen von den oben beschriebenen ab. Diese Abweichungen sind in gewisser Weise regelmäßig:

So wird bei den im Folgenden genannten Tätigkeitshauptwörtern ein -a- im Stamm in der Vergangenheit immer durch -e- getauscht.

Ein -e- im Stamm wird in der Vergangenheit durch -i- ausgetauscht.

Hinzu kommen die Abschnitt „Personalendungen" beschriebenen aussprachebedingten Varianten (s. dort).

Es gibt auch „echte" unregelmäßige Tätigkeitswörter, die aber im täglichen Gebrauch selten vorkommen. Meistens stammen diese aus dem Sanskrit, und die Beugung ist sehr ähnlich.

Die Beugungsmuster werden wie zuvor in der folgenden Reihenfolge angeführt. Die persönlichen Fürwörter können der Deutlichkeit halber ergänzt werden.

1. Pers.	**ami** (ich), **amra** (wir)
2. Pers.	**tumi** (du), **tomra** (ihr)
3. Pers.	**she** (er/sie/es), **tara** (sie Mz)
resp.	**tini** (er/sie/es), **tãra** (sie, Mz), **apni** (Sie, Ez), **apnara** (Sie, Mz)

Auf die „vertraulichen" Varianten habe ich hier verzichtet, da man sie wohl äußerst selten anwenden wird.

	Gegenw.	Vergang.	Zukunft
ash-a (kommen)			
1. Pers.	**ash-i**	**esh-echi**	**ash-bo**
2. Pers.	**ash-o**	**esh-echo**	**ash-be**
3. Pers.	**ash-e**	**esh-eche**	**ash-be**
resp.	**ash-en**	**esh-echen**	**ash-ben**
par-a (können)			
1. Pers.	**par-i**	**per-echi**	**par-bo**
2. Pers.	**par-o**	**per-echo**	**par-be**
3. Pers.	**par-e**	**per-eche**	**par-be**
resp.	**par-en**	**per-echen**	**par-ben**
ja-wa (gehen)			
1. Pers.	**ja-i**	**gi-yechi**	**ja-bo**
2. Pers.	**ja-o**	**gi-yecho**	**ja-be**
3. Pers.	**ja-y**	**gi-yeche**	**ja-be**
resp.	**ja-n**	**gi-yechen**	**ja-ben**
kha-wa (essen)			
1. Pers.	**kha-i**	**khe-yechi**	**kha-bo**
2. Pers.	**kha-o**	**khe-yecho**	**kha-be**
3. Pers.	**kha-y**	**khe-yeche**	**kha-be**
resp.	**kha-n**	**khe-yechen**	**kha-ben**
de-wa (geben)			
1. Pers.	**di-i**	**di-yechi**	**di-bo**
2. Pers.	**di-o**	**di-yecho**	**di-be**
3. Pers.	**dä-y**	**di-yeche**	**di-be**
resp.	**dä-n**	**di-yechen**	**di-ben**
ne-wa (nehmen)			
1. Pers.	**ni-i**	**ni-yechi**	**ni-bo**
2. Pers.	**na-o**	**ni-yecho**	**ni-be**
3. Pers.	**nä-y**	**ni-yeche**	**ni-be**
resp.	**ne-n**	**ni-yechen**	**ni-ben**

ana *(bringen) wird z. B. wie* asha *(kommen),* pawa *(bekommen) und* cawa *(wollen) wie* khawa *(essen) gebeugt.*

Mögen, Müssen & Können

Modalverben, wie wir sie vom Deutschen kennen, gibt es im Bengali nicht. Stattdessen werden sie mit Hilfe bestimmter Satzkonstruktionen formuliert.

mögen, gefallen

Die deutschen Tätigkeitswörter „mögen, gefallen“ werden im Bengali mit der Konstruktion „mein/dein/sein ... gut anhaftet“ umschrieben.

ei shongit-ṭa amar bhalo lage.
diese Musik-die mein-2 gut anhaftet
Diese Musik gefällt mir.

bhat tomar bhalo lage ki?
gekochter-Reis dein-2 gut anhaftet was
Magst du gern Reis?

cup kôro! gôlpo amar bhalo lage na.
still mach! Geschwätz mein-2 gut anhaftet nein
Sei still! Ich mag kein Geschwätz!

müssen

Das deutsche Modalverb „müssen“ wird mit der Konstruktion „mir/dir ... ist zu tun“ umschrieben. Achtung: Hier wird im 4. Fall gebeugt und die Grundform verwendet!

hôy	ist zu tun
hoyechilo	war zu tun
hôbe	wird zu tun sein

amake jete hôbe.
mich-4 zu-gehen wird-zu-tun-sein
Ich muss gehen.

In der Wort-für-Wort-Übersetzung wird die „echte" Grundform des Tätigkeitswortes mit „zu" umschrieben.

apnake jante hôbe.
Sie(resp.)-4 zu-wissen wird-zu-tun-sein
Sie müssen wissen.

ḍakṭarke ashte hoyechilo.
Arzt-4 zu-kommen war-zu-tun
Ein Arzt musste kommen.

ami dukhito, tomake ei-ṭa shikhte hôbe!
ich schmerzlich, dich-4 dies-das zu-lernen wird-zu-tun-sein
Tut mir leid, das wirst du lernen müssen!

Statt ami dukhito *sagt der moderne Bengale allerdings lieber „sorry"!*

können

Die Grundform wird auch in Verbindung mit para (können) benötigt:

ami bangla ôlpo-ôlpo bolte pari.
ich Bengali etwas zu-sprechen kann(-ich)
Ich kann etwas Bengali sprechen.

apni ki kalke ashte parben?
Sie(resp.) was morgen zu-kommen können-werden(resp.)
Können Sie morgen kommen?

Verneinung

Um Tätigkeitswörter zu verneinen, wird ihnen einfach ein na (nein) nachgestellt:

(tini) ashben na.
(er/sie-resp.) kommen-wird(resp.) nein
Er/sie wird nicht kommen.

(ami) khabo na.
(ich) essen-werde nein
Ich werde nicht essen.

Aufgepasst! Es gibt die Verneinungspartikel ni, die dem Satz eine Vergangenheitsbedeutung verleiht, wenn sie einer Gegenwartsform nachgestellt wird. Vergleichen Sie:

(ami) mach khai na.	**mach khai ni.**
(ich) Fisch esse nein	*Fisch esse nein(Verg.)*
Ich esse keinen Fisch.	Ich aß keinen Fisch.

In beiden Beispielsätzen steht die Gegenwartsform khai (ich esse). Durch das nachgestellte „ni" wird „esse" jedoch zu „aß".

apni ṭaka-pôysha pan ni.
Sie(resp.) Geld bekommen(resp.) nein(Verg.)
Sie haben kein Geld bekommen.

Fälle & Beugung

Das Bengali kennt 8 Fälle, von denen nur die ersten 6 Fälle von Bedeutung sind.

1. Fall
Werfall/Nominativ (Frage „wer?, was?“). Es ist der „Normalfall“. Die Hauptwörter haben keine Fallendung.
2. Fall
Wesfall/Genitiv („wessen?“). Mit dem 2. Fall werden z. B. zusammengesetzte Hauptwörter gebildet.
3. Fall
Wemfall/Dativ („wem?“)
4. Fall
Wenfall/Akkusativ („wen?“ oder „was?“)
5. Fall
Wo-/Wohinfall/Lokativ („wo?“, „wohin?“). Im Deutschen muss dieser Fall mit Verhältniswörtern umschrieben werden (z. B. „ich gehe *zu/nach* ...“).
6. Fall
Anruffall/Vokativ: In diesem Fall stehen Personennamen, wenn die betreffende Person angesprochen wird. Gelegentlich wird aber auch der 1. Fall verwandt. Der 6. Fall kommt in einigen geläufigen Ausrufen vor.

Der 1. bis 4. Fall entspricht unseren deutschen Fällen.

are! Ach!, Sieh mal an!, Na so was!
are? Was?, Wirklich?, Gibt' s denn sowas?

Beugung der Hauptwörter

Um ein Hauptwort zu beugen, werden Fallendungen angehängt. Diese sind zur Veranschaulichung in den folgenden Tabellen durch einen Bindestrich hervorgehoben.

„unbelebte“ Hauptwörter (Einzahl)

Unbelebte Hauptwörter bezeichnen Gegenstände oder abstrakte Begriffe. Der 6. Fall entfällt.

1. Fall	**cãd** (Mond)	**baṛi** (Haus)	**kôla** (Banane)
2. Fall	**cãd-er**	**baṛi-r**	**kôla-r**
3. Fall	**cãd-ke**	**baṛi-ke**	**kôla-ke**
4. Fall	**cãd**	**baṛi**	**kôla**
5. Fall	**cãd-e**	**baṛi-te**	**kôla-y**

„belebte“ Hauptwörter (Einzahl)

Belebte Hauptwörter bezeichnen Lebewesen, also Personen oder Tiere. Der 4. und der 5. Fall weichen von denen der unbelebten Hauptwörter ab.

1. Fall	**bon** (Schwester)	**ma** (Mutter)	**bhai** (Bruder)
2. Fall	**bon-er**	**ma-y-er**	**bhai-er**
3. Fall	**bon-ke**	**ma-ke**	**bhai-ke**
4. Fall	**bon-ke**	**ma-ke**	**bhai-ke**
5. Fall	**bon-er kache***	**ma-y-er kache***	**bhai-er kache***
6. Fall	**bon-re!**	**ma-re!**	**bhai-re!**

Das nachgestellte kache bedeutet „bei/nahe“.

6. Fall: Diese Ausrufe bedeuten alle „Ach du meine Güte!“.

ma-re ma!	*Mutter-6 Mutter*
bap-re bap!	*Vater-6 Vater*
khuda-re khuda!	*Gott-6 Gott*
hay-re bhôgoban!	*Gott-6 Gott*

Beugungsvarianten in der Einzahl

Außer im 1. Fall werden gebeugte Wörter in der Wort-für-Wort-Übersetzung mit der jeweiligen Fallnummer gekennzeichnet.

2. Fall: Endet der Wortstamm auf einen Selbstlaut, wird nur -r statt -er angehängt (z. B. kola-r). Ausnahme: Bei einsilbigen Hauptwörtern, die auf einen Selbstlaut enden, bleibt es bei der Fallendung -er, die dann allerdings (der besseren Aussprache wegen) um ein -y- ergänzt wird (z. B. ma-yer).

4. Fall: Bei „unbelebten" Hauptwörtern ist der 1. und 4. Fall identisch, d. h., es gibt im 4. Fall keine Fallendung (z. B. cād-). Die Fallendung für „belebte" Hauptwörter lautet immer -ke (z. B. bon-ke). Der 3. und 4. Fall sind bei „belebten" Hauptwörtern (auch in der Mehrzahl) immer identisch!

5. Fall: Endet ein „unbelebtes" Hauptwort auf einen Mitlaut, wird -e angehängt (z. B. cād-e), endet es jedoch auf -a, so wird -y angehängt (z. B. kôla-y). Nach allen anderen Selbstlauten wird -te angehängt (z. B. baṛi-te). Für „belebte" Hauptwörter ist der 5. Fall identisch mit dem 2. Fall. Darüber hinaus wird kache (nahe, bei) nachgestellt:

boner kache
Schwester-5 nahe
bei der Schwester

6. Fall: Den 6. Fall bildet man üblicherweise nur von „belebten" Hauptwörtern. Bei cād (Mond) wäre er vielleicht in der Literatur möglich: cād-re̲! (oh Mond!) oder „ he cād!".

„unbelebt/belebt“ (Mehrzahl)

Das ke *dient lediglich der Verdeutlichung des Falls. In der Umgangssprache wird man das* ke *nicht mitsprechen.*

	purush (Mann)	**manush** (Mensch)
1. Fall	**purush-ra**	**manush-ra**
2. Fall	**purush-der**	**manush-der**
3. Fall	**purush-der (ke)**	**manush-der (ke)**
4. Fall	**purush-der (ke)**	**manush-der (ke)**
5. Fall	**purush-der**	**manush-der kache**
6. Fall	**purush-re!**	**manush-re!**

Die Fallendungen der Mehrzahl sind zwar recht einfach zu merken, es ist jedoch immer angebracht, die Sätze so zu konstruieren, dass aus dem Zusammenhang hervorgeht, dass eine Mehrzahl gemeint ist. So erspart man sich das Lernen dieser Fallendungen.

zusammengesetzte Hauptwörter

Der 2. Fall wird häufig zur Bildung zusammengesetzter Hauptwörter benutzt.

Auf diese Weise entstehen auch neue Begriffe.

lebur rôsh *Zitrone-2 Saft*	Zitronensaft
khôborer kagoj *Nachricht-2 Papier*	Zeitung
maṭir ghôṛ *Erde-2 Haus*	Lehmhütte
ek diner pôth *ein Tag-2 Reise*	Tagesreise
du ghônṭar rasta *zwei Stunde-2 Straße*	Fahrt von zwei Stunden

Beugung der Bestimmungspartikel

Wenn die Hauptwörter mit der Bestimmungspartikel -ṭi oder -ṭa stehen, werden die bekannten Fallendungen an die Bestimmungspartikel angehängt.

chele-ṭike ḍako!
Junge-der-4 ruf!
Ruf den Jungen dort!

lok-ṭir kache
Mensch-der-2 bei
bei dieser Person dort

cor-ṭake däkho!
Dieb-der-4 sieh!
Sieh dir den elenden Dieb da an!

Hier wurde -ṭa an ein persönliches Hauptwort gehängt, um Verachtung auszudrücken.

An die Bestimmungspartikel Mehrzahl, also -guli, -gola, -golo, -khana sowie -khani, werden ebenfalls die Fallendungen der Einzahl (!) angehängt:

boi-gulir dam kôto?
Buch-viel-2 Preis wieviel
Wie viel kosten diese Bücher?

Auch hier sollte man natürlich versuchen, diese komplizierten Formen tunlichst zu umgehen. Ein Winken mit der Hand von einem Buch zum anderen und ein simples dam kôto? (wie teuer?) tut's zur Not auch. Übrigens gilt es nicht als unanständig, mit dem Finger auf einen Gegenstand zu zeigen.

Mir & Mich

Auch die persönlichen Fürwörter können gebeugt werden. Die im 2. Fall gebeugten persönlichen Fürwörter bilden die besitzanzeigenden Fürwörter. 3. und 4. Fall entsprechen den deutschen „mir/mich, dir/dich".

Im Bengali werden der 3. und 4. Fall für persönliche Fürwörter nicht unterschieden.

Einzahl	Mehrzahl
amake mir/mich	**amader (ke)** uns
tomake dir/dich	**tomader (ke)** euch
apnake Ihnen/Sie (resp.)	**apnader (ke)** Ihnen/Sie (resp.)
take ihm/ihn/ihr/sie	**tader (ke)** ihnen/sie
tãke, onake ihm/ihn/ihr/sie (resp.)	**tãder/oder (ke)** ihnen/sie (resp.)

Das ke in Klammern wird nur dann benutzt, um den Fall zu verdeutlichen, da z. B. amader (unser) auch der 2. Fall sein kann. In der Umgangssprache spricht man das ke nicht.

take cini na.
ihn/sie-4 kenne nicht
Ich kenne ihn/sie nicht.

tãder shahajjo kôro!
ihnen Hilfe mach!
Hilf ihnen!

amake kômbol-ṭa den!
mir-3 Decke-die geben-Sie!
Geben Sie mir diese Decke da!

Fragen

Man unterscheidet wie im Deutschen zwischen „Entscheidungsfragen" und „Ergänzungsfragen".

Entscheidungsfragen

Entscheidungsfragen sind Fragen, auf die man nur mit „ja" oder „nein" antworten kann. Um aus einem Aussagesatz einen Fragesatz zu machen, stellt man das Fragewort ki (was) entweder an das Satzende oder hinter das erste Wort im Fragesatz. Die Wortstellung im Satz ändert sich in einer Entscheidungsfrage ansonsten nicht.

apni ki jarman (achen)?
Sie was deutsch (sind-resp.)
Sind Sie Deutsche/r?

apni ki muslim?
Sie was moslemisch
Sind Sie Moslem?

kamra/ghôṛ khali ki?
Zimmer frei was
Ist ein Zimmer frei?

tini mangsho khaben ki?
er(resp.) Fleisch essen-wird(resp.) was
Wird er denn (überhaupt) Fleisch essen?

apnar ki bhangti/khucro ache?
Ihr-2 was Kleingeld ist
Haben Sie Kleingeld?

tomar ki shomôy ache?
deine-2 was Zeit ist
Hast du Zeit?

Die unpersönliche Wendung pawa jay *(man bekommt) kann man häufig einsetzen.*

roshid ki pawa jay?
Quittung was bekommen geht
Kann man/ich eine Quittung bekommen?

ekhane shobji pawa jay?
hier Gemüse bekommen geht
Gibt es hier Gemüse?

she pagol (na-)ki?
er/sie verrückt (nicht-)was
Ist er/sie denn verrückt?

In der Umgangssprache kann ki auch ganz entfallen, dann muss aber aus dem Tonfall eindeutig hervorgehen, dass es sich um eine Frage handelt.

Ergänzungsfragen

Ergänzungsfragen werden mit einem Fragewort gebildet. Die Antwort erfordert einen vollständigen Satz. Die Fragewörter werden demjenigen Wort nachgestellt, um das es in der Frage geht:

ei-ṭa ki (ache)?
dieses-das was (ist)
Was ist das hier?

oi-ṭa ki (ache)?
jenes-das was (ist)
Was ist das (dort)?

ke?	wer?	**ke-ke?**	wer alles?
kon?	welche/r/s?	**kon-ṭa**	welche/r/s?
ki?	was?	**ki-ki**	was alles?
kôto?	wie viel?	**kôtogulo**	wie viele?
kothay?	wo/wohin?	**kôyta**	wie viele?
käno?	warum?	**kôkhon**	wann?
kämon?	wie?		

kon? *fragt allgemein,* kon-ṭa? *nach einer bestimmten Menge.*

mondir kothay?
Tempel wo
Wo ist ein Tempel?

(apni) kämon achen?
(Sie) wie sind(resp.)
Wie geht es Ihnen?

gaṛi-ṭa kokhon ashbe?
Bus-der wann kommen-wird
Wann wird der Bus kommen?

nam ki?
Name was
Wie ist der Name?

apni ki can?
Sie was wünschen(resp.)
Was wünschen Sie?

apni ki kaj kôren?
Sie was Arbeit machen
Was arbeiten Sie?

apni kothay thaken?
Sie wo wohnen(resp.)
Wo wohnen Sie?

kon boi-ṭa can?
welches Buch-das wünschen(resp.)
Welches Buch möchten Sie?

khabar kothay pawa jay?
Essen wo bekommen geht
Wo kann ich etwas zu essen bekommen?
(wörtl. „Wo bekommt man Essen?“)

Das Fragewort ke? (wer?) lässt sich beugen, und das sowohl in der Einzahl als auch in der Mehrzahl:

Einzahl		Mehrzahl	
ke?	wer	**kara?**	wer?
kar?	wessen	**kader?**	wessen?,
kake?	wem/wen?	**kader(-ke)?**	wem/wen?

Die folgende Frage mit kar impliziert, dass der Fragende erwartet, dass der Gegenstand nur einer Person gehört:

ei-ṭa kar (ach<u>e</u>)?
dies-das wessen (ist)
Wem gehört das hier?

In der nächsten Frage mit kader geht der Fragende davon aus, dass der Befragte mehrere Personen sieht:

apni kader däkhen?
Sie wen(Mz) sehen(resp.)
Wen sehen Sie?

Auffordern & Befehlen

Bei den Befehlsformen (Imperativ) hat sich der Bengale wieder etwas Besonderes ausgedacht, er unterscheidet nämlich zwischen Aufforderungen, denen sofort Folge zu leisten ist, und Aufforderungen, für deren Ausführung man sich getrost etwas Zeit lassen kann! Auf dermaßen exakte Anweisungen kann sich der Angesprochene später nicht mit der Ausrede „ich dachte, ich sollte das später machen!“ herauswinden.

Darüber hinaus werden die Befehlsformen wieder in die Höflichkeitsstufen „vertraut“, „neutral“ oder „höflich“ unterteilt:

	vertraut	neutral	höflich
ana (bringen)			
„sofort“	**an!**	**ano!**	**anun!**
„später“	**anish!**	**eno!**	**anben!**
dewa (geben)			
„sofort“	**de!**	**dao!**	**den!**
„später“	**dibi!**	**dio!**	**diben!**
kôra (machen)			
„sofort“	**kôr!**	**kôro!**	**korun!**
„später“	**korbi!**	**koro!**	**korben!**
jawa (gehen)			
„sofort“	**ja!**	**jao!**	**jan!**
„später“	**jabi!**	**jeo!**	**jaben!**
asha (kommen)			
„sofort“	**ay!**	**esho!**	**ashun!**
„später“	**ashbi!**	**esho!**	**ashben!**

Im Großen und Ganzen sind die Endungen für die bestimmten Befehlsformen immer dieselben. Wer sich nicht alle Formen merken kann, sollte zumindest die höflichen abrufbar haben. Es ist besser, einen Rikshafahrer, der ansonsten eine grobe Umgangssprache gewöhnt ist, respektvoll zu behandeln als einen hohen Beamten unbewusst zu beleidigen!

Kann man sich selbst diese Formen nicht merken, so tut's eine befehlsmäßig hervorgebrachte Grundform des gewünschten Tätigkeitswortes auch: Statt khabar den! (Geben Sie mir bitte etwas zu essen!) dürfte der Sinn des folgenden (grammatikalisch natürlich nicht korrekten) Satzes genauso gut verstanden werden.

khabar (dewa), joldi! khudha!
Essen (geben), schnell! Hunger!

In gewissen Situationen ist die grundsätzliche Kommunikation eben wichtiger als die Etikette!

Bindewörter

Die Bindewörter (Konjunktionen) funktionieren im Prinzip wie im Deutschen, nur dass die Sätze manchmal anders als erwartet konstruiert werden.

ar, ebong, o	und	**ba, -o**	oder
bina, chaṛa	ohne	**tai, je**	dass
age	bevor	**(tar)pôre**	nachdem
eta ar ota	sowohl - als auch	**hôy ... nôy**	entweder - oder
shudhu ... bôrong	nicht nur - sondern auch	**jôdi**	wenn, ob, falls
kintu	aber	**karon**	weil, denn
jate	damit	**jämon**	als

ami-o
ich auch

tumi-o
du auch

tumi ar ami
du und ich

„Auch" wird durch angehängtes -o *ausgedrückt.*

apni e-ṭa na o-ṭa can?
Sie(resp.) dieses nicht jenes wollen(resp.)
Möchten Sie dieses oder jenes?

ami e-ṭa na (bôrong) o-ṭa cai.
ich dieses nicht (sondern) jenes will(-ich)
Ich möchte nicht dieses, sondern das da!

she boleche amake ashte.
er sagte mich-4 zu-kommen
Er hat gesagt, dass ich kommen soll.

Verhältniswörter

Die bengalischen Verhältniswörter (Präpositionen) verlangen meistens, dass das Hauptwort, auf das sie sich beziehen, im 2. Fall gebeugt wird. Das Verhältniswort wird nachgestellt.

Hier nun eine Liste von Verhältniswörtern, bei denen das zugehörige Hauptwort im 2. Fall gebeugt werden muss.

shônge, shathe	mit
biruddhe	gegen
moto	gleich, wie
bodole	anstelle von
pôr, pôre	nach (zeitl.)
age	vor (zeitl.)
jonno, jonne	für
theke	von (örtl.)
kach theke	von (Personen)
bhishoye	über (Thema)
dike	nach, in Richtung
ke	zu (Personen)
karone	wegen

ami Jarmani/Ḍhaka theke ashchi.
ich Deutschland/Dhaka von komme
Ich komme aus Deutschland / von Dhaka.

ami Ḍhakar lok.
ich Dhaka-2 Person
Ich bin aus Dhaka.

Manchmal wird nur gebeugt und gar kein Verhältniswort benutzt!

amra bashe jabo.
wir Bus-5 fahren/gehen
Wir fahren mit dem Bus.

bôrshar jonnye
Regen-2 wegen
wegen des Regens

Mit dem gebeugten Hauptwort im 5. Fall (Wofall), kann man auf weitere Verhältniswörter im Bengali verzichten. Im Deutschen benutzt man stattdessen z. B. „in“, „bei“.

Verhältniswörter, die Orts- oder Richtungsangaben ausdrücken, sind (auch hier wird das zugehörige Hauptwort im 2. Fall gebeugt):

moddhe	mitten in
bhitor diya	quer durch
pichone	hinter
shamne	vor
bhitore	drinnen in
nikoṭe, kache	(nahe) bei
nice	unter
upore	über, auf
baire	draußen von, aus heraus
caridi̱ke	rundherum, an allen vier Seiten von
pashe	an der Seite von
tôlay	unter dem

amar shônge
mein-2 mit
mit mir

amar kache
mein-2 bei/zu
bei/zu mir

boner kache
Schwester-2 bei
bei der Schwester

baṛir nikoṭe/kache
Haus-2 nahe
nahe dem Haus

bagan-ṭar moddhe
Garten-der-2 mitten-in
mitten im Garten

Nur die Verhältniswörter bina/chaṛa (ohne) stehen mit dem 1. Fall:

cini bina
Zucker ohne
ohne Zucker

chata chaṛa
Schirm ohne
ohne Regenschirm

Zahlen & Zählen

Die Zahlen in Bengali sind sehr unregelmäßig und somit nicht leicht zu erlernen. Übrigens: Selbst Bengalen zählen lieber in Englisch als in der Muttersprache!

0	**shunno**	5	**pãc**
1	**ek**	6	**chôy**
2	**dui**	7	**shat**
3	**tin**	8	**aṭ**
4	**car**	9	**nôy**

Die Zahlen von 10-29 sind gänzlich unregelmäßig und haben besondere Formen. Deshalb muss man sie auswendig lernen.

10	**dôsh**	15	**ponero**
11	**egaro**	16	**sholo**
12	**baro**	17	**shôtero**
13	**tero**	18	**aṭhero**
14	**couddo**	19	**unish**

20	**bish/kuṛi**	25	**põcish**
21	**ekush**	26	**chabbish**
22	**baish**	27	**shatash**
23	**teish**	28	**aṭash**
24	**cobbish**	29	**untrish**

Die Zehnerzahlen lassen sich nicht regelmäßig von den Einern ableiten.

30	**trish**	70	**shottor**
40	**collish**	80	**ashi**
50	**pôncash**	90	**nôbboi**
60	**shaṭ**		

Um die Hunderter zu zählen, wird der Zahl sho (hundert) einfach die Einerzahl vorangestellt. Für die mit den Hundertern zusammengesetzten Zahlen (101, 102 usw.) werden die Zahlen ohne ein Verbindungswort nachgestellt.

100	**(ek) sho**
101	**ek sho ek**
102	**ek sho dui**
200	**du(i) sho**
300	**tin sho**

Die Zahleneinheiten 1000, 100.000 sowie 10 Millionen haben eigene Namen.

1.000	**(ek) hajar**
2.000	**du(i) hajar**
100.000	**(ek) lakh**
200.000	**du(i) lakh**
10 Mio.	**(ek) koṭi/kroṛ**
20 Mio.	**du(i) koṭi/kroṛ**

ek lakh pãc hajar tin sho ekush
ein hunderttausend fünf tausend drei hundert einundzwanzig
105.321

ek koṭi cobbish lakh shôtero hajar chô(y) sho aṭash
ein zehn-Millionen vierundzwanzig hunderttausend siebzehn tausend sechs hundert achtundzwanzig
12.417.628

Ein lakhpoti ist übrigens jemand, der mindestens 100.000 Takas (bzw. Rupien) besitzt, ein koṭipoti hat mindestens 10 Millionen!

Ordnungszahlen

Die Ordnungszahlen lassen sich nicht ohne weiteres von den Grundzahlen ableiten.

prothom	der/die/das erste
ditio	der/die/das zweite
tritio	der/die/das dritte
cothurto	der/die/das vierte
pôncom	der/die/das fünfte
shoshṭho	der/die/das sechste
shôptôm	der/die/das siebte
ôshṭom	der/die/das achte
nôbom	der/die/das neunte
dôshom	der/die/das zehnte

Bruchzahlen

shoa ek	*viertel eins*	1 1/4
shoa dui	*viertel zwei*	2 1/4
shoa tin	*viertel drei*	3 1/4

Die Bruchzahlen benötigt man z. B. zur Angabe der Uhrzeit.

adh(a)	*halb*	1/2
ḍeṛ	*eineinhalb*	1 1/2
aṛai	*zweieinhalb*	2 1/2
saṛe tin	*halb drei*	3 1/2
saṛe car	*halb vier*	4 1/2
poune dui	*dreiviertel eins*	1 3/4
poune tin	*dreiviertel zwei*	2 3/4
poune car	*dreiviertel drei*	3 3/4

einmal, zweimal ...

bar bedeutet „mal“ und wird der Zahl nachgestellt.

ek bar	*eins mal*	einmal
du(i) bar	*zwei mal*	zweimal
tin bar	*drei mal*	dreimal

zählen

Das Gezählte steht in der Einzahl, denn durch die vorangestellte Mengenangabe wird bereits deutlich, dass es sich um die Mehrzahl handelt.

ek paunḍ shim
ein Pfund Bohne
ein Pfund Bohnen

du(i) kilo palongshak
zwei Kilo Spinat
zwei Kilo Spinat

Bei Stückzahlen (nicht Mengenangaben!) wird den Zahlwörtern oft die Bestimmungspartikel -ṭa oder (bei Stückzahlen von 2 bis 4) eine Variante dessen angehängt:

ek-ṭa ruti	ein Fladenbrot
du-ṭo kômola	zwei Orangen
tin-ṭe am	drei Mangos
car-ṭe chagol	vier Ziegen
pāc-ṭa bôlod	fünf Ochsen
chô(y)-ṭa phul	sechs Blumen

Beachten Sie aber: Beim Zählen von Geld entfällt die Bestimmungspartikel:

ek ṭaka	**du ṭaka**	**tin ṭaka**
eine Taka	zwei Taka	drei Taka

Beim Zählen von Menschen will der Bengale diese nicht mit Gemüse, Ziegen und Sonstigem in einen Topf werfen, und so muss den Zahlwörtern zur Unterscheidung ein -jon („Person/Mensch") nachgestellt werden.

ek-jon mohila	eine Frau
du-jon purush	zwei Männer
tin-jon mosafir	drei Reisende

amar grame pāc sho-jon lok bash kôren.
mein-2 Dorf fünf hundert-Mensch Mensch leben tun(resp.)
In meinem Dorf leben 500 Menschen.

Uhr- & Tageszeit

Die Frage nach der Uhrzeit und nach einem Zeitpunkt formuliert man wie folgt:

(ghoriṭe) kôta baje?	**kon shomô̲ye?**
(Uhr-5) wieviel schlägt	*welche Zeit-5*
Wie spät ist es?	Zu welcher Zeit?, Wann?
(Uhrzeit)	*(Zeitpunkt)*

shomô̲y	Zeit
säkenḍ	Sekunde
miniṭ	Minute
ghônṭa	Stunde

Zur Angabe der Uhrzeit (sowie auch des Zeitpunktes) bedient man sich der Bestimmungspartikel -ṭa (bzw. -ṭe), die an die Zahl, die die Stunde angibt, angehängt wird. Dabei ist auch wieder zu beachten, dass die Zahlen 2-4 eine Ausnahme bilden:

ek-ṭa	*eins-die*	1 Uhr
du(i)-ṭo	*zwei-die*	2 Uhr
tin-ṭe	*drei-die*	3 Uhr
car-ṭe	*vier-die*	4 Uhr
pãc-ṭa	*fünf-die*	5 Uhr

ṭhik tin-ṭe.
gut drei-die
Es ist Punkt 3 Uhr./Genau um 3 Uhr.

Weitere genaue Uhrzeiten kann man angeben, indem man die Minutenzahl der vollen Stundenzahl nachstellt.

ek-ṭa pãc
eins-die fünf
(es ist) 1 Uhr 5

car-ṭe dôsh
vier-die zehn
4 Uhr 10

pãc-ṭa aṭ
fünf-die acht
5 Uhr 8

chô(y)-ṭa poncash
sechs-die fünzig
6 Uhr 50

car-ṭe collish
vier-die vierzig
4 Uhr 40

pãc-ta bajte kuṛi (minit)
fünf-die zu-schlagen 20 (Min.)
20 (Minuten) vor 5

äkhon poune tin-ṭe (baje).
jetzt dreiviertel drei-die (geschlagen)
Es ist viertel vor drei.

aṛai-ṭe baje.
zweieinhalb geschlagen
Es ist halb drei.

Wenn aus dem Sinnzusammenhang nicht hervorgeht, ob sich die Uhrzeit auf abends/nachts oder morgens/tagsüber bezieht, kann man die Tageszeit voranstellen:

shakale	morgens
dupure	mittags, nachmittags
bikale	abends
rate, rattre	nachts

bikal shoa pãc-ṭa
abends viertel fünf-die
abends um viertel nach fünf

gaṛi-ṭa aṭ-ṭa bishe/kuṛi-ṭe ashbe.
Bus-der acht-die zwanzig kommen-wird
Der Bus kommt um 8 Uhr 20.

nouka kon shomôye jabe?
Schiff/Boot welche Zeit-5 gehen-wird
Wann wird das Schiff abfahren?

Kolkatay jete kôto shomôy lagbe?
Kalkutta-5 zu-gehen wieviel Zeit brauchen-wird
Wie lange dauert es, nach Kalkutta zu fahren?

Sylhet theke Ḍhakay jete kôto ghônṭa lage?
Sylhet von Dhaka-5 zu-gehen wieviel Stunde braucht(-man)
Wie viele Stunden braucht man von Sylhet nach Dhaka?

kôto shomôy ache?
wieviel Zeit ist
Wie viel Zeit haben wir?

ar shomôy nai.
und Zeit nicht-ist
Es ist keine Zeit mehr.

joldi/taṛataṛi korun!
schnell machen-Sie!
Beeilen Sie sich bitte!

allgemeine Zeitangaben

din	Tag
shôpta, shôptaho	Woche
mash	Monat
shal, bôtshor, bôchor	Jahr

gôtoporshu	vorgestern
gôtokal	gestern
aj, ajke	heute
agamikal, kal, kalke	morgen
porshu(din)	übermorgen

age	zuvor, früher
shôkal shôkal	frühzeitig
ṭhik shomôye	rechtzeitig, pünktlich
taṛataṛi	schnell, eilig
ekhon	jetzt
ekhoni	jetzt (gerade)
pôre	später
derite	mit Verspätung

shôkal	Morgen
shôkale *Morgen-5*	morgens
dupur	Mittag, Nachmittag
dupure *Mittag-5*	mittags, nachmittags
bikal	Spätnachmittag, Abend
bikale *Abend-5*	spätnachmittags, abends

rat, rattri	Nacht
rate, rattre *Nacht-5*	nachts
dine	tagsüber, am Tag
protidin, roj	täglich
aj-kal	heutzutage
shara din *ganz Tag*	den ganzen Tag

gôto shôkale *gestriger Morgen-5*	gestern Morgen
agami shôkale *nächster Morgen-5*	nächsten Morgen
gôto bikale *gestriger Abend-5*	gestern Abend/ Spätnachmittag
agami bikale *nächster Abend-5*	nächsten Abend/ Spätnachmittag

sôbshomôy *alle Zeit*	immer
prai-i	oft
majhe-majhe *mitten-mitten*	manchmal
kôkhono-na *zu-welcher-Zeit nicht*	nie
kôdacit *selten*	selten
tôtkhonat, ekhoni	sofort, jetzt
ôcire	bald
pôre	später
shôkale	früh
derite	spät

Datum

In Bangladesch werden drei verschiedene Kalendersysteme nebeneinander benutzt: der bengalische (Hindu-)Kalender, der moslemische und der uns vertraute westliche. Für den Reisenden ist nur letzterer von Belang.

aj ki bar?
heute was Wochentag
Welchen Wochentag haben wir heute?

aj kôto tarikh?
heute wieviel Datum
Welches Datum haben wir heute?

shombar	Montag
mogolbar	Dienstag
budhbar	Mittwoch
brihoshpotibar	Donnerstag
shukrobar	Freitag
shonibar	Samstag
robibar	Sonntag

januari	Januar	**julai**	Juli
februari	Februar	**ôgoshṭ**	August
marc	März	**septembôr**	September
epril	April	**ôktobôr**	Oktober
mey	Mai	**nôbhembôr**	November
jun	Juni	**dishembôr**	Dezember

Die Monatsnamen sind aus dem Englischen entlehnt.

kon shale?	in welchem Jahr?
kon mashe?	in welchem Monat?
kon dine?	an welchem Tag?
kon tarikhe?	an welchem Datum?
kôto shal(bôchor)?	wie viele Jahre?
kôto mash?	wie viele Monate?
kôto din?	wie viele Tage?

Will man z. B. „im Januar" sagen, hängt man lediglich die Fallendung des 5. Falls (Wofall) an den betreffenden Monatsnamen an, also:

januari-te	**februari-te**	**marc-e**
Januar-5	*Februar-5*	*März-5*
im Januar	im Februar	im März

Für die Datumsangabe werden die Grundzahlen (nicht wie im Deutschen die Ordnungszahlen) verwendet. Masher wird dem Monatsnamen immer nachgestellt und an das Ende der Datumsangabe tarikh (Datum) gestellt.

januari masher ek tarikh
Januar Monats-2 eins Datum
der 1. Januar

Will man „am 1. Januar" sagen , wird an tarikh die Fallendung des 5. Falls angehängt:

januari masher ek tarikhe
Januar Monats-2 eins Datum-5
am 1. Januar

Feiertage in Bangladesch

Idul fitr
Festtag nach Abschluss des Fastenmonats Ramadan
Idul azha
moslemisches Opferfest
Durga puja
Hindufest zu Ehren der Göttin Durga (Ende September/Anfang Oktober)
Boṛodin
Weihnachten (wörtl. „der große Tag“)
Pohela boishakh
Bengalischer Neujahrstag (14./15. April)
Shadhinota o jatiyo dibosh
Tag der Unabhängigkeit und der Nation (26. März)
Bijoy dibosh
„Tag des Sieges“ (16. Dez.)
Ekushe februari
Feiertag zur Erinnerung an den Kampf für Bengali als Nationalsprache (21. Feb.)
Buddho purṇima
Buddhistischer Feiertag

Mini-Knigge

Ist Kalkutta und das umliegende Westbengalen schon eins der ärmeren Gebiete Indiens, so liegt das benachbarte Bangladesch noch eine Stufe darunter. Die Bangladeschis sind sich ihres ökonomischen Weltranges durchaus bewusst und bezeichnen ihr Land selber oft als „das ärmste der armen". Es wird dem Reisenden unter diesen Umständen gut anstehen, nicht mit seinem (relativen) Reichtum zu hausieren, sondern ihn diskret zu kaschieren. Dabei geht es nicht zuletzt um die eigene Sicherheit: Es gibt eine Unzahl von Mittellosen, die einiges zu tun bereit wären, um an den fremden Reichtum heranzukommen. Also Vorsicht! Eine pralle Umhängetasche, in der sich ja wahre Schätze befinden könnten, kann schon eine Herausforderung sein.

Einige Teile Dhakas sind selbst bei Tage nicht ungefährlich, dazu gehören insbesondere die städtischen Parks. Man sollte dieselbe Vorsicht walten lassen, die man beim Besuch eines amerikanischen Großstadtghettos für angemessen hielte.

Viele der Not-Täter sind übrigens ehemalige Freiheitskämpfer, die für die Unabhängigkeit Bangladeschs (ehem. Ostpakistan) von Pakistan gekämpft hatten. Später gab es für sie nichts mehr zu tun, und niemand kümmerte sich um sie.

Religion 85% der Bangladeschis sind Moslems, der Rest Hindus, Christen und Buddhisten. Die Gesetzgebung des überwiegend moslemischen Bangladeschs ist stark von der Sharia, dem moslemischen Gesetzeskatalog geprägt. Alkohol ist demnach für die einheimischen Moslems verboten, in den Luxushotels Dhakas wird er aber an Ausländer ausgeschenkt. Voreheliche Beziehungen sind verboten, und die Polizei führt Razzien durch, wenn sie ein unverheiratetes (einheimisches) Paar gemeinsam in einem Hotelzimmer wähnt. Trotz der strengen Gesetzgebung gibt es aber auch in Bangladesch illegale Bars oder Bordelle. Die Einheimischen werden den Reisenden häufig fragen, welcher Religion er denn angehört. Die Antwort „Atheist" (nashtik) sollte man nicht geben. Es ist auf jeden Fall besser zu sagen, man sei Christ (khrishcan), auch wenn das nicht der Wahrheit entsprechen sollte. Die Moslems respektieren Christen durchaus. „Gottlos" zu sein, ist für einen Moslem dagegen unvorstellbar.

Zum moslemischen Lebensstil gehört, dass der Freitag dem Gebet (namaj) gewidmet ist. An diesem Tage bleiben somit alle Behörden und Banken usw. geschlossen! Wohnt man in der Stadt, so wird das Zimmer mit Sicherheit in Rufnähe mindestens einer Moschee liegen, von der schon früh morgens der Vorbeter (über Lautsprecheranlage!) zum Gebet ruft. Eine Beschwerde über den allmorgendlichen „Lärm" sollte man sich besser verkneifen!

Polizei

Bangladesch hat trotz seiner relativ kurzen Geschichte - oder gerade deshalb - einige politisch unruhige Zeiten hinter sich. Die Polizei des Landes spielt somit eine einflussreiche Rolle, und deren Angehörige scheinen sich ihrer Wichtigkeit bewusst zu sein. Es ist mir mehrere Male passiert, dass mich Polizisten nach meinen Absichten im Lande befragt haben - das alles höflich, aber bestimmt. Trägt man eine Kamera, macht man sich „verdächtig", Journalist zu sein - was in Polizistenaugen gleichbedeutend mit „Spitzel" oder „Verräter" ist.

Wird man von Polizisten befragt - wobei sicher deren persönliche Neugier eine nicht unerhebliche Rolle spielt - könnte man vorgeben, kein Englisch zu verstehen (und schon gar kein Bengali!), dann wird man wohl schnell in Frieden gelassen. Bleiben Sie ansonsten immer nett und freundlich, bieten Sie keinen Ansatzpunkt zum Konflikt!

Bangladeschs Polizisten sind oft unfreundlich aussehende Zeitgenossen, die bei ihren Landsleuten keinen guten Ruf haben. Die Korruption der Ordnungshüter ist legendär. ghūsh heißt „Schmiergeld". Touristen sollten auf jeden Fall die Finger davon lassen!

Patriotismus

Viele Bangladeschis werden den Reisenden nach seinen Eindrücken im Lande fragen. Bei der Antwort hebt man selbstverständlich die guten Aspekte des Gastlandes hervor: Gastfreundschaft, Naturschönheit etc. Unterlassen Sie es, auf der hinlänglich bekannten

Armut und Korruption herumzuhacken! Die Bangladeschis sind stolz auf ihre schwer erkämpfte Unabhängigkeit und lieben ihr Land trotz all der bestehenden Nöte. Deutschland erfreut sich in Bangladesch des allerbesten Rufes, und man wird sich immer wieder lobend darüber äußern. Machen Sie es ebenso, und rücken Sie die Schattenseiten Bangladeschs nicht zu sehr in den Vordergrund!

Fragen Im indischen Westbengalen sind Reisende schon einigermaßen rar, in Bangladesch sind sie noch eine kleine Sensation! Dementsprechend wird der Traveller auf Schritt und Tritt von neugierigen Blicken verfolgt, und wann immer sich eine Gelegenheit bietet, wird man ihn mit Fragen bombardieren. Das kann oft nerven, gelegentlich entwickeln sich daraus aber interessante Gespräche. Ein „Abblocken" der vielen Fragen wird den Reisenden in den Augen der Einheimischen als arroganten Einfaltspinsel erscheinen lassen.

Frauen Wie in allen moslemischen Gesellschaften fällt der Frau eine untergeordnete Rolle zu. Sie sind mehr oder weniger von den Männern isoliert, und der Reisende wird bemerken, dass er zwar jede Menge Freundschaften zu Männern knüpfen kann, aber so gut wie keine zu Frauen. Der männliche Reisende sollte keinesfalls Frauen auf der Straße ansprechen, es sei denn, sie befinden sich außerhalb des „gefährlichen" Alters, oder es handelt sich um eine absolute Notsituation, die von allen Umstehenden auch so gedeutet würde.

Daraus folgt aber nicht, dass weibliche Reisende nur Frauen ansprechen.

Hygiene

Wie fast überall in Asien gilt auch in Bangladesch die Regel, keine Nahrung oder Personen mit der linken Hand anzufassen, da diese für alle „unreinen" Dinge benutzt wird. Wer darauf achtet, wird bemerken, dass zwar auch die Einheimischen diese Regel oft verletzen – besonders die Kellner! – dennoch sollte man versuchen, vorbildlich zu sein: Vor und nach dem Essen wäscht man sich an den Waschgelegenheiten in den Restaurants die Hände und spült sich den Mund aus. Die Waschbecken werden aber auch als Spucknäpfe benutzt, um darin seinen Schleim loszuwerden. Spucken gilt nicht als unschicklich!

Körpersprache

ja & nein

Was Besucher des indischen Subkontinents immer wieder zur Verzweiflung treibt, ist die Gestik für „ja" bzw. „nein". Um „ja" auszudrücken, wird der Kopf locker mehrmals von der einen Seite zur anderen geschüttelt, was unserem „nein" zum Verwechseln ähnlich sieht. Die Geste für „nein" besteht aus einem kurzen Zucken des Kopfes seitwärts und wird häufig durch ein verächtliches Schnalzen unterstützt. Selbst diese beiden Gesten voneinander zu unterscheiden ist nicht immer leicht. Weiß der Befragte gar keine Antwort, so schnalzt er ebenso mit der Zunge und zuckt vielleicht noch die Achseln dazu.

Das Ganze geht ansonsten wortlos vor sich. Ausschmückende Erklärungen, wie „tut mir leid, das weiß ich nicht“ sind gänzlich landesunüblich. Wer einmal einen bengalischen Hochsommer mit seiner lähmenden Hitze erlebt hat, mag erahnen, warum die Einwohner nicht einmal Lust haben, etwas zu sagen!

winken Heranwinken kann man jemanden, indem die Hand (Handfläche nach unten) eine Art Ziehbewegung ausführt. Dabei wird ebenfalls mit der Zunge geschnalzt, und zwar in diesem Fall, als wolle man einen Hund herbeipfeifen. Es versteht sich, dass diese „Rufmethode“ nur bei „Niedriggestellten“, wie Rikshafahrern, Kellnern oder den gar nicht empfehlenswerten Ohrenreinigern, angewandt werden sollte. Einen Visabeamten so herbeizuschnalzen, dürfte auf den Verlängerungsantrag keine positive Wirkung ausüben!

Wegschicken kann man jemanden durch eine weit ausholende verächtliche Schlenkerbewegung des Armes. So werden Bettler oder Personen mit dubiosen Anliegen weggejagt.

Wird eine offene Hand, Handfläche nach oben, einige Male fuchtelnd hin- und herbewegt und vielleicht eine fragende Miene dazu aufgesetzt, kann das je nach Situation verschiedenes bedeuten:

Zeigt man auf eine Ware und vollführt dann diese Geste, kann das heißen „wie teuer?“ oder aber „was ist das?“. Trifft man einen alten Bekannten und gestikuliert derart, kann das bedeuten „woher kommst du denn?“, „was gibt’s Neues?“, „was läuft?“ etc. Wird man von jemandem genervt, kann man so ausdrücken

„was soll der Quatsch?“ oder „was willst du denn überhaupt?“

Eine Hand, die locker aus dem Handgelenk ausgeschüttelt wird, wobei man am besten noch einen abfälligen Gesichtsausdruck aufsetzt, bedeutet „So'n Mist, au weia, ach du Scheiße!“ Dabei wird unter Umständen ungläubig mit der Zunge geschnalzt, als wolle man sagen: „Ja, das gibt's doch nicht!“

Wenn es mittlerweile scheint, als bestünden West- und Ostbengalen nur aus Schnalzern und stummen Winkern, so ist das nicht unbedingt falsch: Wo wir oft ausschweifende Erklärungen machen, kommt der Asiat ohne ein einziges Wort aus!

Essen & Trinken

Möchte man etwas zu essen haben, führt man die rechte Hand zum Mund, als befinde sich ein Klumpen Reis darin (Fingerspitzen berühren den Daumen). Um „trinken“ anzudeuten, ballt man die rechte Hand zur Faust, spreizt den Daumen ab und zeigt mit diesem auf den Mund, so als tränke man daraus.

Bengalen können eine fast erdrückende Gastfreundschaft an den Tag legen und werden es nicht verstehen, wenn man nach zwei Nachschlägen schon nicht mehr essen kann. Beteuerungen, man stehe kurz vor dem Platzen, werden höchstens als falsche Bescheidenheit ausgelegt. Die zu empfehlende Geste: den Teller mit beiden ausgespreizten Händen (Handflächen nach unten) verdecken und eventuell mehrmals abwehrend hin- und herbewegen!

Begrüßen & Verabschieden

An der Art, wie sich Bengalen untereinander begrüßen, lässt sich deren Religionszugehörigkeit erkennen: Die Moslems wünschen sich ...

Diese Floskeln lassen sich nicht wörtlich übersetzen.

salam alaikum!
Friede sei mit dir!

walaikum assalam!
Und mit dir! *(Antwort)*

khoda hafij!
Gottes Segen! *(Abschied)*

Alle Nichtmoslems gebrauchen stattdessen zum Gruß und auch für den Abschied:

namoshkar!
Sei mir gegrüßt!

Weitere Begrüßungs- und Verabschiedungsfloskeln sind:

(apni) kämon achen?
(Sie) wie sind(resp.)
Wie geht es Ihnen?

ki khôbor?
was Nachricht
Was gibt's Neues?

bhalo?
gut
Alles klar?

ashi!
komme(-ich)
Bis bald!

jai.
gehe(-ich)
Na, bis dann!

ashben!
kommen-werden(resp.)
Kommen Sie bald wieder!

abar dekha hobe!
wieder zu-sehen sein-wird
Wir sehen uns!, Bis bald!

Reden oder Durchsagen an Bord der Bangladesh Biman Airlines werden mit der folgenden Formel begonnen:

bismillah ir-rahman ir-rahim ...
(etwa:) Im Namen Allahs, des Allmächtigen, des Gnadenvollen ...

Dies soll darauf hindeuten, dass der Sprecher nichts als die reine Wahrheit verlauten lässt. In Gesprächen hört man oft die Floskel inch allah (so Gott will). Auf zukünftige Ereignisse bezogen, soll sie ausdrücken, dass alles in Gottes Hand ist, der Mensch hat sich dem göttlichen Willen zu fügen.

Die Stewardessen der Bangladesh Biman Airlines kann man ankündigen hören: „In etwa 20 Minuten werden wir – inch allah! – in Dhaka landen! Bitte anschnallen!“

Namen & Anrede

Bengalische Namen setzen sich bei den Hindus wie im Deutschen aus Vornamen und Nachnamen zusammen. Die Kinder erhalten den Namen des Vaters, die Frauen (nach Heirat) den Namen des Ehemannes. So heißt z. B. der Ehemann Nilkanto Ghosh, die Ehefrau heißt Damini Ghosh, die unverheiratete Tochter heißt Rina Ghosh und der Sohn Srikanto Ghosh.

... shaheb	Herr (bei Moslems)
... babu, sri ...	Herr (bei Hindus)
begom	Frau/Fräulein (bei Moslems)
kumari	Fräulein (nicht als Anrede)

Meier-babu/shaheb kämon achen?
Meier-Herr/Herr wie sind(resp.)
Wie geht es Herrn Meier?

Als Anschrift schreiben Hindus Sri Hans Meier (Herr Hans Meier).

Der männliche Reisende wird an nicht vielen Rikshafahrern vorbeikommen können, ohne mit he bondhu! (he Freund/Kollege!) angesprochen zu werden!

Danke & Bitte

Die ersten beiden Ausdrücke für „danke" klingen etwas formell und werden nicht allzu häufig angewandt. Eher hört man ein schlichtes bhalo oder ein englisches/amerikanisches „okay". Andauerndes Bedanken wie bei uns ist nicht üblich!

dhanyobad!	danke!
meherbani! (Urdu)	danke!
bhalo	gut!

Für „bitte" als Aufforderung benutzt man auch oft das engl. „please".

doya kore ...
Gnade tun
Bitte! Hätten Sie die Freundlichkeit ...?

Um sich zu entschuldigen, verwendet man meistens maf korun. Die Formulierung mit khôma verwendet man nur, wenn etwas ganz Schuldhaftes getan hat. Modern ist das englische „excuse me".

maf korun!	**khôma korun!**
Vergeben tun(resp.)	*Vergeben tun(resp.)*
Verzeihen Sie bitte!	Verzeihen Sie bitte!

Das erste Gespräch

In einem ersten Gespräch werden Ihnen wahrscheinlich die folgenden Fragen gestellt werden.

apni ki bangla bolte paren?
Sie was Bengali zu-sprechen können(resp.)
Können Sie Bengali sprechen?

olpo-olpo bolte pari.
wenig zu-sprechen kann(-ich)
Ich kann ein wenig sprechen.

apnar nam ki?
Ihr-2 Name was
Wie heißen Sie?

amar nam Hans.
mein-2 Name Hans
Ich heiße Hans.

apnar desh/baṛi kothay?
Ihr-2 Land/Haus wo
Woher kommen Sie?

amar desh jarmani.
mein-2 Land Deutschland
Ich komme aus Deutschland.

ôshtria	Österreich
shuizarland	Schweiz

apni ki kaj kôren?
Sie was Arbeit tun(resp.)
Was arbeiten Sie?

ami ki apnar deshe kaj korte pari?
ich was Ihr-2 Land-5 Arbeit zu-machen kann
Kann ich in Ihrem Land arbeiten?

ami baburci, kintu bekar.
ich Koch, aber arbeitslos
Ich bin Koch, aber arbeitslos.

Vorsicht! Das Wort bekar kann verächtlich gesprochen auch „nutzlos" etc. bedeuten! tumi bekar eshecho heißt dann „du bist umsonst gekommen".

ami bekar khatchi.
ich umsonst anstrenge
Ich strenge mich umsonst an.

apnar (masher) beton kôto?
Ihr-2 (Monat-2) Gehalt wieviel
Wie viel verdienen Sie (im Monat)?

amar beton besh kom, shuddhu du hajar ṭaka.
mein-2 Gehalt sehr wenig, nur zwei tausend Taka
Ich verdiene sehr wenig, nur 2000 Taka.

apni ki Bangladeshe bäbshay eshechen?
Sie was Bangladesch-5 zu-Geschäft gekommen
Sind Sie geschäftlich hier in Bangladesch?

na, ami trabhellar/turisht.
nein, ich Traveller/Tourist
Nein, ich bin Tourist(in).

Berufe **ami ...**
ich ...
Ich bin ...

Eine Reihe von englischen Bezeichnungen (mit bengalischer Aussprache) hat den Eingang in die Alltagssprache gefunden.

offise kaj kori, ôffishar	Angestellter
karkhanay kaj kori	Arbeiter
dakṭar	Arzt
môtor mekanik	Automechaniker
cash kori, krishôk	Bauer
shekretari	Büroangestellter, Sekretär
ilektrishian	Elektromechaniker
fôṭograf	Fotograf
bäbshai, bäbsha kori	Geschäftsmann
hater kaj kori	Handwerker
kaṭher kaj kori	Holzschnitzer
jarnalisht, shangbadik	Journalist
rãdhune, ranna kori	Koch
lorri-draibhar	Lastwagenfahrer
shikkhôk, ticar	Lehrer/in
fadar	Pfarrer, Pastor
ukil	Rechtsanwalt
kôndakṭar	Schaffner
kamar	Schmied
dorji	Schneider
kaṭher kaj kori, ghôrami	Schreiner, Zimmermann
chattro, student (engl.)	Schüler, Student
muci, juto sharai	Schuster
täkshi-draibhar	Taxifahrer
transletar	Übersetzer, Dolmetscher
ghori meramot kori	Uhrmacher

apni kôto din bangladeshe thakben?
Sie wieviel Tag Bangladesch-5 bleiben-werden
Wie lange bleiben Sie in Bangladesch?

ami aro du shôptaho thakbo.
ich noch zwei Wochen bleiben-werde
Ich bleibe noch zwei Wochen.

ami kal cole jabo.
ich morgen weg gehen-werde
Ich werde morgen abreisen.

apnar bangladeshe bhalo lagche?
Sie-2 Bangladesch-5 gut anhaftet
Gefällt es Ihnen in Bangladesch?

amar ekhane khub bhalo lagche.
ich-2 hier sehr gut anhaftet
Es gefällt mir sehr gut hier.

Bangladesh khub shundôr desh.
Bangladesch sehr schön Land
Bangladesch ist ein sehr schönes Land.

Zu Gast sein

Eine Einladung zu Bengalen nach Hause ist ernst gemeint und schlägt man nicht ab. Wenn man der Einladung dennoch nicht folgen kann oder möchte, sagt man „sorry, amar kaj ache, parbo na" (schade, ich habe zu tun, ich kann nicht).

Die Schuhe sollte man ausziehen und dorthin stellen, wo auch die Familienmitglieder die ihren hingestellt haben. Meistens werden die Schuhe vor der Schwelle abgestellt.

Manchmal treten die Frauen des Hauses gar nicht in Erscheinung. Fragen Sie dann auch nicht nach ihnen. In einigen Familien bieten die Töchter des Hauses den Gästen das Essen an. Wenn im Haus kein Tisch-Stuhl-System vorhanden ist, ißt man auf dem Fußboden.

Wenn man eingeladen wird, trinkt man Tee, dazu gibt's (meist hausgemachtes) Gebäck, Süßigkeiten (aus Quark, sehr süß), wie z. B. rôshogolla oder shôndesh. Zu viel Neugier ist nicht höflich, daher fragt man auch nicht, was man bekommt. Da mit den Händen gegessen wird, sollte man sich vorher die Hände waschen. Meistens wartet der Gastgeber, bis der Gast anfängt zu essen.

apni ki bhat khaben?
Sie was gekochter-Reis essen-werden(resp.)
Wollen Sie Reis essen?

Achtung! Im Bengali wird meistens nur eine Vokabel für „essen" und „trinken" verwendet: es heißt immer khawa! Das aus dem Sanskrit stammende pan kôra (trinken) wird selten gebraucht.

jôl khabo.
Wasser essen-werde(-ich)
Ich werde Wasser trinken.

jôl pan korbo.
Wasser trinken machen-werde(-ich)
Ich werde Wasser trinken.

accha, apnake bhat-shobji debo.
gut, Sie-4 gekochter-Reis-Gemüse geben-werde
Okay, ich gebe Ihnen Reis und Gemüse.

Mit Betonung auf debo *(dann* debô *aussprechen!) ist dies eine Frage: „Soll ich Ihnen ... geben?"*

ca khaben?
Tee trinken-werden(resp.)
Wollen Sie Tee trinken?

Familie, Verwandtschaft & Freunde

apnar kôtoguli bhai bon?
Sie-2 wie-viele Bruder Schwester
Wie viele Brüder und Schwestern haben Sie?

amar matro ek-ṭi bhai.
ich-2 nur ein-der Bruder
Ich habe nur einen Bruder

apni ki biye korechen?
Sie was Heirat machten(resp.)
Sind Sie verheiratet?

ji/hã̄, ami bibahito.
ja, ich verheiratet
Ja, ich bin verheiratet.

amar du-ṭi meye ebong ek-ṭi chele.
mein-2 zwei-die Mädchen und ein-derJunge
Ich habe zwei Töchter und einen Sohn.

Aufgepasst! Der Bengale wird es als strenger Moslem oder frommer Hindu nicht verstehen, wenn man/frau – sagen wir mal – Ende 20 ist und noch nicht verheiratet ist. Freundschaften zwischen jungen Menschen verschiedenen Geschlechts gelten als unmoralisch, die Ehe und Kinder sind das alleinige Ziel. Ist man verheiratet und hat aber keine Kinder, so wird der Bengale glauben, es stimme etwas nicht mit dem Reisenden. Dann dürfte die nächste (listige) Frage sein:

apni biye kôbe korechen?
Sie Heirat wann machten(resp.)
Wann haben Sie geheiratet?

Die meisten Bengalen wohnen in traditionellen Großfamilien und achten verwandtschaftliche Bande über alles. Die bengalischen Gastgeber werden ihrem Gast alle möglichen Familienmitglieder vorstellen – auch wenn sich der Gast nicht immer merken kann, wer wer ist in dem Clan! Die verwandtschaftlichen Beziehungen werden in der Sprache viel genauer als im Deutschen wiedergegeben. Nicht nur bei „Tante“ oder „Onkel“ unterscheidet der Bengale ganz genau, um wen es sich genau handelt, also z. B. um die „Tante mütterlicherseits“ oder „Tante väterlicherseits“. Die bloße Bezeichnung „Tante“ wäre dem Bengalen viel zu vage: er will ganz genau wissen, in welchem verwandtschaftlichen Verhältnis Personen zueinander stehen.

Übrigens: mama klingt zwar recht „mütterlich“, steht aber für den Bruder der Mutter, also den Onkel!

shami, husband (engl.)	Ehemann
stri, bibi	Ehefrau
chele-meye, bacca *Sohn-Tochter, Kinder*	Kinder
meye, konnya, balika	Tochter
chele, putro	Sohn
shishu	Kleinkind, Baby
mata-pita, ma-baba *Mutter-Vater, Mama-Papa*	Eltern
baba, abba (mosl.)	Papa, Vater
ma, amma (mosl.)	Mama, Mutter
bôṛo bhai, dada *groß Bruder*	älterer Bruder
mejodada	zweitältester Bruder
shejodada	drittältester Bruder
(choṭo) bhai *(klein) Bruder*	(jüngerer) Bruder

bôṛo bon, didi *groß Schwester*	ältere Schwester
(choṭo) bon *(klein) Schwester*	(jüngere) Schwester
kaka, caca (mosl.)	Bruder des Vaters
mama	Bruder der Mutter
dadu, nana (mosl.)	Vater der Mutter
dada, ṭhakurda	Vater des Vaters
didima, nani (mosl.)	Mutter der Mutter
dadi, ṭhakuma	Mutter des Vaters
jamai	Schwiegersohn
putrobo̱dhu, cheler bou	Schwiegertochter
poriba̱r	Familie
attiyo, shôjon	Verwandter
purbopu̱rush	Ahne
biba̱hito	verheiratet
ôbiba̱hito	unverheiratet
biye, biya	Heirat
biye/biya kora *Heirat machen*	heiraten
bondhu	Freund
bandhobi	Freundin
shathi	Gefährte
protibe̱shi	Nachbar
otithi	Gast

Sprechen Bengalen von ihren Verwandten, so wird immer die höfliche Redeform benutzt. Würde im nächsten Satz statt tini das respektlosere she benutzt, wäre das sehr grob.

tini (uni) apnar ke?
er/sie (dort) Ihr-2 wer
In welcher (verwandtschaftlichen) Beziehung steht er/sie zu Ihnen?

uni *bedeutet: „die Person, die dort ist/sitzt“*

amader shara poribar ei baṛite thake.
unsere-2 ganz Familie dies Haus-5 wohnt
Unsere ganze Familie wohnt in diesem Haus.

apnar meyer bôyosh kôto?
Ihrer-2 Tochter-2 Alter wieviel
Wie alt ist Ihre Tochter?

Abschied

Meistens verabschiedet man sich unmittelbar nach dem Essen (ausruhen will man lieber zu Hause!).

besh deri hoye gelo, ebar jete hôbe!
sehr spät geworden, jetzt zu-gehen wird-zu-tun-sein
Es ist schon spät, jetzt muss ich (aber) gehen.

Der Gastgeber wird darauf erwidern:

accha, abar ashben (kintu)!
gut, wieder kommen-werden(resp.) (aber)
Okay, kommen Sie (aber) wieder!

Wetter & Jahreszeiten

Was das Wetter betrifft, so ist Bangladesch mit allem „gesegnet“, was ein meteorologisches Wörterbuch zu bieten hat. Im Sommer wird es lähmend heiß, im Winter ist es tagsüber mild warm, und nachts kann es so empfindlich kalt werden, dass man sich morgens noch nicht unter die Dusche traut.

Im Monsun werden die zahllosen Flüsse des Landes zu reißenden Strömen, Flutkatastrophen sind alljährliche Routine. Im Frühjahr und Herbst kann es zu Zyklonen und Springfluten kommen, im Frühjar außerdem noch zu Tornados und gelegentlichen Hagelstürmen.

Das Jahr wird in sechs Jahreszeiten unterteilt.

grishsho	April – Mai: Sommer; die heiße Zeit vor dem Monsun
bôrsha	Juni – September: der Monsun; nass, nass, nass!
shôrot	Oktober: „Vorherbst“; Zwischenstadium zwischen Monsun und Herbst
hemonto	November: Herbst; wunderschön - nicht zu heiß, und alles ist grün
shit	Dezember – Mitte Februar: Winter; nachts braucht man eine Jacke
bôshonto	Mitte Februar – März: Frühling; es wird wieder wärmer

Allen Jahreszeitenbezeichnungen kann kal (Zeit) nachgestellt werden:

grishsho kal
Sommerzeit

borsha kal
Regenzeit

brishṭir jonne aj bash-ṭa jete parbe/colbe na.
Regens-2 wegen heute Bus-der zu-gehen können-wird nein
Wegen des Regens kann der Bus heute nicht fahren.

e bôchor bôrsha besh halka/prochondo, tai na?
dies Jahr-5 Monsun sehr schwach/stark, ist nicht
In diesem Jahr ist der Monsun sehr schwach/stark, nicht wahr?

bhalo fôsholer jonno aro brishṭi lagbe.
gut Ernte-2 für und Regen nötig-sein-wird
Für eine gute Ernte brauchen wir mehr Regen.

are! ei abhawa-ṭa bekar (baje), ek shomóy ṭhanḍa, ek shomóy gôrom.
oh! dies Wetter-das nutzlos (schlägt), eins Zeit kalt, eins Zeit heiß
Mann! Dieses Wetter ist ja das Letzte, mal ist es kalt, dann wieder heiß!

shit/gôrom lage.
kalt/heiß fühlen
Mir/es ist kalt/heiß.

brishṭi hocche.
Regen geschieht
Es regnet.

ṭhanḍa	kalt
gôrom	warm, heiß
shukno	trocken
bheja	nass
brishṭi hôwa	regnen
Regen sein	
ab'hawa	Wetter
shit	Kälte
tap, uttap	Hitze
procondo gôrom	starke Hitze
tapman, temparecar	Temperatur
tapman jôntro	Thermometer
Temperatur Maschine	
jôlbayu	Klima
shurjjo	Sonne
cãd	Mond
megh	Wolke
brishṭi	Regen
fõṭa	Tropfen
chata, chati	Schirm
ardrota	Feuchtigkeit
rod, roudro	Sonnenschein
chaya	Schatten
akash	Himmel
hawa	Wind
batash	Luftzug
jhoṛ	Sturm
tufan	Taifun
shilabrishṭi	Hagel
bonna, ban	Flut
kuasha	Nebel
fôshol, shoshsho	Ernte

Essen & Trinken

Die meisten Restaurants in Bangladesch sind sehr einfach und deren Speisezettel dementsprechend. Selbst die Anzahl der Restaurants ist weit geringer als beispielsweise im benachbarten indischen Westbengalen. Nur wenige können es sich leisten, auswärts zu essen. In Dhaka gibt es neben den Lokalen mit heimischer Kost eine Reihe chinesischer Restaurants, diese sind aber relativ teuer. Nach längerem Aufenthalt im Lande und dem recht einfachen Essen wirkt ein Besuch in einem der Edel-Restaurants der Spitzenhotels Dhakas wie Labsal auf den entwöhnten Magen.

hoṭel	Hotel; Restaurant
khabar, khana	Mahlzeit, Essen
shôkaler khabar *Morgen-2 Mahlzeit*	Frühstück
tifin, nashta	Imbiss
dupurer khabar *Mittags-2 Mahlzeit*	Mittagessen
rater khabar *Abend-5 Mahlzeit*	Abendessen

Natürlich werden auch die englischen Wörter breakfast, lunch *und* dinner *verstanden.*

(amar) kkhuda/kkhide legeche.
(mein-2) Hunger anhaftet
Ich habe Hunger.

Das Tätigkeitswort laga *kennt viele verschiedene Bedeutungen, z. B. „verletzen, anhaften, mögen, entfachen (Feuer), benötigen".*

amar pipasha/teshta legeche.
mein-2 Durst anhaftet
Ich habe Durst.

khawa	essen, trinken
kkhuda, kkhide	Hunger
kkhudartho	hungrig
pipasha	Durst
pipashito	durstig

apni ki ek-ṭa bhalo reshṭurenṭ janen?
Sie was ein-das gut Restaurant wissen(resp.)
Kennen Sie ein gutes Restaurant?

reshṭurenṭ khola/bhôndo.
Restaurant geöffnet/geschlossen
Das Restaurant ist geöffnet/geschlossen.

im Restaurant

waiter (engl.)	Kellner
menu, karḍ	Speisekarte
mejh, table (engl.)	Tisch
botol (engl.)	Flasche
glash, gelash	Glas
pleṭ, thala	Teller
pirij	Untertasse
kap	Tasse
camoc	Löffel
kãṭa	Gabel
churi	Messer
napkin (engl.)	Serviette

hat kothay dhobo?
Hand wo waschen-werde(-ich)
Wo kann ich mir die Hände waschen?

bestellen

bolun! ki can?
sprechen-Sie! was wünschen(-Sie-resp.)
Bitte? Was wünschen Sie?

ajke ki-ki ache?
heute was-was ist
Was gibt es heute alles?

ek kap ca anun, cini chaṛa/bina.
eins Tasse Tee bringen-Sie!, Zucker ohne
Eine Tasse Tee bitte, ohne Zucker.

(ami) dal-bhat khete cai.
(ich) Dal-gekochter-Reis zu-essen wünsche(-ich)
Ich möchte Dal und Reis essen.

Dal *ist ein Linsenbrei, der in Bangladesch etwas dünn ausfällt.*

Wie wichtig der Reis im Speiseplan der Bengalen ist, kann man daran erkennen, dass es mehrere Vokabeln für unsere einfache Bezeichnung „Reis" gibt, je nachdem, in welchem Zustand sich dieser befindet:

dhan	Reis, so wie er auf dem Feld steht
caul, cal	Reis (enthülst, aber ungekocht)
bhat	Reis (gekocht)
cire	Reis (gedämpft, platt gedruckt, dann getrocknet)

ar khete can ki?
und zu-essen wünschen(resp.) was
Möchten Sie noch etwas essen?

nun/lôbon den!
Salz bringen-Sie!
Salz bitte!

khabar ...
Essen
Das Essen ist ...

shushadu	lecker
jhal	scharf
ṭaṭka, taja	frisch

sich beschweren

Wenn Sie sich beschweren müssen, lassen Sie am besten den Manager (mänejarke dakun) rufen.

(ami) nalish korbo.
(ich) Beschwerde machen-werde(-ich)
Da muss ich mich aber beschweren.

service (engl.) **ekdom kharap.**
Service ganz schlecht
Der Service ist ja echt schlecht.

khabar-ṭa ṭhanḍa.
Essen-best. kalt
Das Essen ist kalt.

bhalo lagche na.
gut anhaftet nicht
Das schmeckt nicht.

ei pleṭ-ṭa ekdom moyla.
dieser Teller-der ganz schmutzig
Dieser Teller ist ja völlig schmutzig.

onno ek-ṭa anun!
anderen ein-der bringen-Sie!
Bringen Sie bitte einen anderen!

bezahlen

Wer seine Rechnung bekommt, wird sich wundern, dass der Preis in Bangladesch meistens zwar in Taka genannt wird, gelegentlich aber auch in Rupien. Das liegt einfach daran, dass bis 1971 die lokale Währungseinheit die Rupie war und sich noch nicht alle Leute (vor allem ältere) auf die neuen Takas eingestellt haben.

roshid, bill (engl.)	Rechnung
ṭaka/pôysha dewa *Taka/Poysha geben*	(be)zahlen

bill anun!
Rechnung bringen-Sie!
Die Rechnung, bitte!

amra jabo.
wir gehen-werden(-wir)
Wir wollen gehen.

Speisen

Bengalische Gerichte basieren meist auf Reis, Fisch und Fleisch, wobei sich die Moslems den Genuss von Schweinefleisch versagen, die Hindus das Rindfleisch. Vegetarier haben es nicht immer leicht in Bangladesch (im Gegensatz zu Indien): Selbst die hier lebenden Hindus essen außer Rind so ziemlich alles, was die Fleischtöpfe zu bieten haben.

Der Reis gehört zu jeder Mahlzeit dazu.

bhat	weißer gekochter Reis
khicuṛi	Reis gemischt mit Linsen
dal	Linsenbrei
bhaji	würzige Gemüsemischung (gebacken)
amleṭ	Omelett (wie wir es kennen)
ḍim, anḍa	Ei
shiddho ḍim *gekochtes Ei*	gekochtes Ei
ḍim bhaja *Ei gebraten*	Spiegelei, Omelett
murgi	Huhn
murgi môshala *Huhn gewürzt*	Huhn mit Curry
tôrkari	Gemüsegericht gewürzt
khashir mangsho	Ziegenfleisch-Gulasch
nanruṭi	Fladenbrot, im Ofen gebacken
capati	kleines Fladenbrot (in der Pfanne gebacken)
porota	Fladenbrot, mit Öl oder Butterschmalz (ghi) gebacken
pãoruṭi	Weißbrot (wie bekannt)
ṭoshṭ	Toast
shamosha	Teigtasche mit Fleischfüllung (oder auch Gemüsefüllung)
shingara	Teigtasche mit Kartoffelfüllung (oder Gemüse)
alur côp	Art Kartoffel-Krokette

rui mach *Rui Fisch*	Ruifisch (eine Art Barsch)
cingṛi mach *Garnele Fisch*	Prawn, Garnele
ilish mach, hilsha *Ilish Fisch*	Flussfisch (eine Art Lachs, Fischesser schwören drauf!)
rupcanda *Silbermond*	Meerfisch
shutki mach *trocken Fisch*	Trockenfisch
niramish	vegetarisch
doi	Jogurt
pônir	spezielle Art Käse

Shutki mach ist eine typisch ostbengalische Spezialität.

Berühmt-berüchtigt für ihre Kariesfreundlichkeit sind die bengalischen Süßigkeiten. Spezialitäten, wie das rôshgolla, in Zuckersirup eingelegte süße Quarkbällchen, treiben selbst den größten Zuckerschlecker an die Grenze seiner Leidenschaft. Sind Sie bei Bengalen nach Hause eingeladen, werden Sie diese Köstlichkeiten bestimmt probieren müssen.

mishṭi, miṭhai	Süßigkeiten
rôshogolla	ballförmige Süßigkeiten aus Quark
rôshmalai	rôshgolla in durch Hitze angedickte Milch

Getränke

ca	Tee
lal-ca, rô ca *rot-Tee*	schwarzer Tee
lebu-ca *Zitrone-Tee*	Zitronentee
ada-ca *Ingwer-Tee*	Ingwertee
kôfi	Kaffee
dudh	Milch
jôl, pani	Wasser
ṭhanḍa *kalt*	Softdrink
khabar pani, panio jôl *Essen Wasser*	Trinkwasser

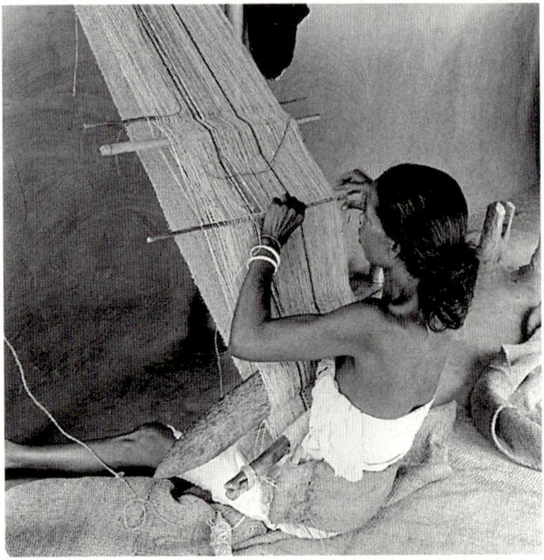

Kaufen & Feilschen

Dass auf einem asiatischen Markt gefeilscht wird, versteht sich von selbst. Eine Faustregel, wie viel man vom genannten Preis zahlen sollte, ist schwer aufzustellen. Die Tatsache jedoch, dass Sie Bengali sprechen, wird Sie als erfahrenen Reisenden ausweisen. Die Einheimischen werden dann auch eher gewillt sein, Ihnen den ortsüblichen Preis zuzugestehen.

Obst ist für die lokale Bevölkerung recht teuer und gehört somit nicht zur täglichen Kost. Eine Orange kostet schon genauso viel wie eine Schale Reis in einem einfachen Lokal.

Wer nicht das örtliche Trinkwasser genießen möchte, kann sich stattdessen an der Milch von Kokosnüssen laben. Soda oder Mineralwasser gibt es übrigens relativ selten – nur wenige Bangladeschis können es sich leisten, für Trinkwasser Geld auszugeben.

Trinken Sie Wasser nur abgekocht!

auf dem Basar

baja̲r	Markt, Basar
haṭ	Wochenmarkt
kena, khorid kôra	kaufen
bikri kôra, beca *Verkauf machen*	verkaufen
shôsta	billig
dami	teuer
bachiya/beche newa *gesucht nehmen*	auswählen/-suchen

Kaufen & Feilschen

Bangladesch ist ein sehr preiswertes Reiseland. Somit kann es ein Tourist auch gut verkraften, wenn er ein paar **pôysha** mehr auf dem Basar lässt als die Einheimischen.

Lebensmittel

mach	Fisch
mangsho	Fleisch
makhon	Butter
ca-pata	Teeblätter
pan	Betelblätter
supari	Betelnuss
tel	Öl
cini	Zucker
modhu	Honig
dalda	Palmin (Fett)
guṛ	Melasse

Getreide & Nüsse

gom	Weizen
cal	Reis(körner)
môyda	Mehl
cinabadam	Erdnüsse
ruṭi	Brot

ami môyda kinte cai.
ich Mehl zu-kaufen wünsche(-ich)
Ich möchte Mehl kaufen.

ache ki?
ist was
Gibt es welches?

ki-ki ache?
was-was ist
Was gibt es alles?

apni moshla bikri kôren?
Sie Gewürze verkaufen tun(-Sie)
Verkaufen Sie Gewürze(-mischungen)?

ei narikel-ṭa den!
dies Kokosnuss-die geben-Sie!
Geben Sie mir diese Kokosnuss!

ei fôl pôca lagche.
dies Obst faul anhaftet
Dieses Obst sieht faul aus.

dam kôto hôbe?
Preis wieviel sein-wird
Wie teuer soll die sein?

nebo na!
nehmen-werde nicht
Das nehme ich nicht!

kichu kom korun!
etwas wenig tun-Sie!
Machen Sie es billiger.

dam ônek beshi.
Preis sehr viel
Das ist zu teuer.

amake bôṛo lok dekhay na-ki?
mir-3 groß Mensch scheine(-ich) nicht-was
Sehe ich denn aus wie ein reicher Mensch?

apnar last price (engl.)**/sesh dam kôto?**
Ihr-2 letzter Preis wieviel
Was ist Ihr letztes Angebot?

ei-ṭa kinbo na.
dies-das kaufen-werde(-ich) nicht
Das kaufe ich nicht!

bhalo lagche na!
gut anhaftet nicht
Es gefällt mir nicht!

Ein Gesetz des asiatischen Marktes lautet: Zeigen Sie nie besonderes Interesse an etwas, das Sie gerne kaufen möchten.

shobji (Gemüse)

lal shak *rot Blattgemüse*	(Art) roter Spinat
begun	Aubergine
shak	Blattgemüse
phulkopi	Blumenkohl
shim	Bohnen
môṭor(-sũṭi)	Erbsen
shõsha, khiṛa	Gurke
alu	Kartoffel
(bãdha-)kopi	Kohl
kumṛo	Kürbis
bôrboṭi	Langbohnen („string beans“)
dal	Linsen
chola(r dal)	Kichererbsen
gajor	Möhre
dhẽ̃rosh	Okra („ladyfingers“)
mulo	Rettich
palongshak	Spinat
ṭômeṭo	Tomate
pẽyaj	Zwiebel
roshun	Knoblauch

ami baj<u>a</u>r theke alu kinechi.
ich Markt von Kartoffeln kaufte(-ich)
Ich habe auf dem Markt Kartoffeln gekauft.

fôl (Obst)

an<u>a</u>rôsh	Ananas
sheb, apel	Apfel
kôla	Banane
ḍalim	Granatapfel
jamuro, jamiro	Grapefruit
ḍab	grüne Kokosnuss mit Wasser
peaṛa, goyam	Guave
phuṭi, bangi	Honigmelone
kãṭhal	Jackfruit
narikel	Kokosnuss
licu	Leechie
lebu	Limone, Zitrone
am	Mango
kômola	Orange
pẽpe	Papaya
kul, bôroi	Pflaume
golap jam *Rose Jam*	rote Beere
kalo jam *schwarz Jam*	schwarze Beere
angur	Traube
tormuj	Wassermelone

Jam ist ein Oberbegriff für kleine Früchte mit Stein (z. B. Pflaumen), ähnlich auch kul (für Beeren).

Die Jackfruit sieht aus wie ein Unterwassergewächs und schmeckt für die meisten Europäer – es sei denn, sie wird wie ein „Gemüse“ gekocht – ziemlich fragwürdig.

In weiten Teilen des indischen Subkontinents gilt die golap jam (Art roter Beere) als Heilmittel für Diabetes. Ist die Erntesaison vorüber, werden die Kerne gemahlen und anstelle der Frucht gegessen. Das soll dieselbe Wirkung haben.

kãca	unreif
paka	reif
pôca	angefault

môshla (Gewürze)

moric	Chili
golmoric	schwarzer Pfeffer
holud, holdi	Gelbwurz
elaci	Kardamon
ada	Ingwer
dhone	Koriander
roshun	Knoblauch
darcini	Zimt
gũṛa kôra *Pulver machen*	mahlen

Übernachten

Die meisten Hotels in Bangladesch sind einfach bis primitiv, einen westlichen Standard findet man nur in den teuren Hotels der Hauptstadt. Achten Sie darauf, dass ein Moskitonetz vorhanden ist, da oft ganze Schwärme von Blutsaugern die Zimmer unsicher machen. Der Deckenventilator ist in den Zimmern obligatorisch. Gelegentlich lässt sich um den Zimmerpreis feilschen.

im Hotel

mänäjar shaheb *Manager Herr*	Manager, Verantwortlicher
poricalok	Leiter (Boss)
malik	Besitzer, Boss
bhaṛa	Miete
bhaṛa newa *Miete nehmen*	(an)mieten
bhaṛa dewa *Miete geben*	vermieten
mal, mal-pôtro	Gepäck

amake kamra dekhan!
mir-3 Zimmer zeigen-Sie!
Zeigen Sie mir bitte ein Zimmer!

dam kôto hôbe?
Preis wieviel sein-wird
Wie teuer wird es?

single room/double room (engl.) **ach<u>e</u>?**
einzeln Zimmer/doppelt Zimmer ist
Haben Sie ein Einzel-/Doppelzimmer?

kamra-ṭa ki nictolay (ach<u>e</u>)?
Zimmer-das Erdgeschoss-5 (ist)
Liegt das Zimmer im Erdgeschoss?

beshi golmal hôbe.
sehr Lärm sein-wird
Das wird aber laut sein.

Inventar

snaner ghôṛ, gosalkhana	Badezimmer
bich<u>a</u>na	Bett
bich<u>a</u>nar cadôr	Bettuch
kômbol	Decke
janala, janla	Fenster
mombati	Kerze
bati, lait	Lampe
godi, toshok	Matraze, Auflage
môshari	Moskitonetz
tala – cabi	Schloss – Schlüssel
almari	Schrank
bijli, biddut	Strom
kurshi, chair (engl.)	Stuhl
mejh, table (engl.)	Tisch
dôrja	Tür
pakha, fan (engl.)	Ventilator
hat-pakha	Hand-Fächer
jôler/panir kolshi *Wasser-2 Krug*	Wasserkrug

„Mitbewohner“ (protibeshi)

môsha	Moskito
machi	Fliege
pōka, kiṭpôṭôngo	Insekt
telapoka	Kakerlake
tiktiki	Gecko

schmutzig & sauber

jhaṛu	Besen
jhaṛu/jāṭ dewa *Besen geben*	(aus-)fegen
porishkar	sauber
porishkar kôra *sauber machen*	sauber machen
môyla	schmutzig/Schmutz
dhulo	Staub
môyla kôra *schmutzig machen*	verschmutzen

bichanar cadôr-ṭa môyla.
Bett-2 Decke-die schmutzig
Der Bettlaken ist schmutzig.

nuton/porishkar cai.
neu/sauber wünsche(-ich)
Ich möchte ein neues.

dôya kore, kamra-ṭa porishkar korun!
Gnade gemacht, Zimmer-das sauber machen-Sie!
Bitte machen Sie das Zimmer sauber!

kamra-ṭay/ghôṛ-ṭay jhaṛu den!
Zimmer-das-5 Besen geben-Sie!
Fegen Sie bitte das Zimmer!

khub dhulô (ache).
viel Staub (ist)
Da ist zu viel Staub!

ek balti jôl anun!
ein Eimer Wasser bringen-Sie!
Bringen Sie bitte einen Eimer Wasser!

gusolkhana-ṭe/bathrume [bathroom] **jôl nai.**
Badezimmer-das-5 Wasser nicht-ist
Im Badezimmer ist kein Wasser!

paykhana-ṭar ôbostha ekdom kharap.
Toilette-die-2 Zustand ganz schlecht
Die Toilette ist in einem miserablen Zustand.

ei-ṭa porishkar korun!
dies-das sauber machen-Sie!
Machen Sie die bitte sauber!

bijli/karent nai?
Strom nicht-ist
Ist kein Strom da?

amake du ek-ṭa mombati den!
mir-3 zwei-eins-die Kerze geben-Sie!
Geben Sie mir bitte ein oder zwei Kerzen!

amake chôy-ṭa dôshe jagaben!
mich-4 sechs-die zehn-5 wecken-Sie!
Wecken Sie mich um 6 Uhr 10!

ki bolechen?
was sagten-Sie(resp.)
Was sagten Sie?

kamra-ṭar bhaṛa kôto?
Zimmer-das-2 Miete wieviel
Wie teuer soll das Zimmer sein?

ei hoṭele dhopa ache̲?
dies Hotel-5 Wäscher ist
Gibt es in diesem Hotel einen Wäscher?

take ḍeke-ano!
ihn-4 gerufen-bring!
Rufen Sie ihn!

cabi-ṭa hariye giyeche.
Schlüssel-der verloren ging
Der Schlüssel ist verloren gegangen.

onno ache̲?
anderer ist
Gibt es einen anderen?

shôkale ei hoṭele ca pawa jay ki?
morgens dies Hotel-5 Tee bekommen geht was
Gibt es in diesem Hotel morgens Tee?

agamikal (chere) jabo.
morgen (weg) gehen-werde(-ich)
Morgen reise ich ab.

bill prostut korun!
Rechnung bereit machen-Sie!
Machen Sie bitte die Rechnung fertig!

bill-ṭa beshi (côṛa) lagche, na?
Rechnung-die sehr (hoch) anhaftet, nicht
Die Rechnung scheint doch zu hoch, was?

Achtung! côṛa bedeutet „hoch" auf einen Preis bezogen. Will man „das Haus ist hoch" sagen, so muss man ũca (hoch) verwenden.

dekhan!
zeigen-Sie!
Zeigen Sie mal her!

Unterwegs in Bangladesch

Das Verkehrsmittel, dass das Straßenbild von Bangladesch am meisten prägt, ist die Fahrrad-Riksha. In Dhaka alleine gibt es über 100.000 davon. Privatwagen dagegen nur wenige.

Die Riksha ist ein angenehmeres Transportmittel als die öffentlichen Stadtbusse, die zwar ebenfalls lächerlich billig sind, aber auch so überfüllt, dass selbst auf den Trittbrettern noch Trauben von Passagieren hängen. Diese bringen die Busse in eine prekäre Schräglage. Und man bekommt den Eindruck, als wollten sie jeden Moment umkippen.

Hinweisschilder

Es könnte von Nutzen sein, folgende Hinweis- bzw. Verbotsschilder in bengalischer Schrift verstehen zu können.

প্র-বশ নি-ষধ
probesh nishedh
eintreten verboten
Betreten verboten!

ছবি-তালা নি-ষধ
chobi-tola nishedh
Foto nehmen verboten
Fotografieren verboten!

প্র-বশ
probesh
eintreten
Eingang

নির্গম
nirgôm
Ausgang
Ausgang

Richtungshinweise

ami ishteshan khũjchi.
ich Bahnhof suche
Ich suche den Bahnhof.

কোথায় ...	আপনি যান ...
kothay ...	**apni jan ...**
wo	*gehen-Sie!*
Wo ist ...?	Gehen Sie ...!

dan-dike	(nach) rechts
bã-dike	(nach) links
soja	geradeaus
pechon dike	zurück
uttor dik	Norden
purbo dik	Osten
poshcim dik	Westen
dokkhin dik	Süden
nice	unten
upore	oben
pechone	hinten
shamne	vor
modhyekhane	im Zentrum
shohorer baire	außerhalb der Stadt
ekhane	hier
okhane	dort
trafik lait	Ampel
moṛ, kṛôshiṇg	Kreuzung

Es ist sinnvoll, nicht nur den Handbewegungen zu trauen, sondern die Antwort auch zu verstehen.

mit der Riksha

Die Riksha ist so billig, dass man geneigt sein wird, kaum noch zu Fuß zu gehen. Der Preis variiert natürlich je nach Verhandlungsgeschick und den bisherigen Einnahmen des Fahrers. Oft sagen die Rikshafahrer „gib, was du willst", wenn man sie nach dem Preis fragt. Das ist aber nicht wörtlich zu verstehen. Vor Fahrtantritt sollte man den Preis genau ausgehandelt haben. Trinkgelder obendrauf sind nicht üblich, werden aber sicher nicht zurückgewiesen werden. Achten Sie darauf, immer genug Kleingeld in der Tasche zu haben, denn große Scheine können die Rikshafahrer meist nicht wechseln.

Auch bei den Motor-Rikshas, das sind dreirädrige Minitaxis, muss der Preis ausgehandelt werden.

he khali!
He „Leerer"! *(Ruf, um einen Rikshafahrer auf sich aufmerksam zu machen)*

he bondhu!
he Freund!
He Kollege!

kothay jaben?
wohin gehen-werden(resp.)
Wo soll's denn hingehen?

he bondhu *ist der übliche „Anmachspruch" der Rikshafahrer.*

Gulshane jabo.
Gulshan-5 gehen-werde(-ich)
Ich will nach Gulshan.
*(*Gulshan *ist ein besserer Stadtteil Dhakas.)*

kôto neben?
wieviel nehmen-werden(resp.)
Wie viel nehmen Sie?

bhaṛa kôto hôbe?
Miete wieviel wird-sein
Wie teuer wird das?

Das langgezogene „i" in apni-i *ist gefühlsbetont, etwa im Sinne: „es ist Ihre Gnade ..."*

apni-i deben!
Sie geben-werden(resp.)
Geben Sie, was Sie wollen!

ashun!
kommen-Sie!
Kommen Sie nur!

na! apni bolun!
nein Sie sagen-Sie!
Nein! Sagen Sie!

ami dôsh ṭaka debo!
ich zehn Takas geben-werde
Ich gebe 10 Takas!

põnero deben!
fünfzehn geben-Sie!
Geben Sie 15!

rasta khub lômba.
Weg sehr lang
Die Strecke ist sehr lang.

na, ônek beshi.
nein, sehr viel
Nein, das ist zu viel.

baro debo, bäsh!
zwölf geben-werde, genug
Ich gebe 12 und basta!

Motijheel theke Banani taun kôto dur?
Motijheel von Banani Stadt wieviel weit
Wie weit ist es von Motijheel nach Banani Town?

Motijheel (wörtlich „Perlensee") ist das Business-Zentrum Dhakas, in dem sich einige Airline-Büros sowie Ämter und zahlreiche Geschäfte befinden.

Banani Town ist eins der besten Viertel in der Stadt, in dem sich auch einige Botschaften angesiedelt haben. Der Name Banani Town hat nichts mit der bekannten „Banane" gemeinsam, sondern ist von dem Tätigkeitswort banano (herstellen) abgeleitet. Banani Town ist eine „hergestellte", aus dem Boden gestampfte Stadt.

apni ki „Plaza Hotel" janen?
Sie was Plaza Hotel kennen(resp.)
Kennen Sie das Plaza Hotel?

okhane colun!
dorthin gehen-Sie!
Fahren Sie dorthin!

taṛataṛi colun!
rasch gehen-Sie!
Machen Sie voran!

Kamlapur shṭeshane jete cai.
Kamlapur Bahnhof-5 zu-gehen wünsche(-ich)
Ich will zur Kamlapur-Station!

Viele Rikshafahrer werden trotz der festen Preisabsprache nach der Fahrt einen höheren Fahrlohn verlangen. Darauf antwortet man mit:

na bhai, ar debo na!
nein Bruder, noch geben-werde(-ich) nicht
Nee, mein Bester, mehr gebe ich nicht!

jor koro na!
Gewalt mach! nicht
Zieh mir das Geld nicht aus der Tasche!

apni põncash-ṭakar-noṭ bodla̲te parben ki?
Sie fünfzig-Taka-2-Schein zu-wechseln können-werden(resp.) was
Können Sie einen 50-Taka-Schein wechseln?

Besser ist es, wie gesagt, immer genügend Kleingeld bei sich zu haben.

mit Bus, Bahn & Schiff

Das Straßen- und Bahnnetz Bangladeschs ist von bescheidenem Standard. Es gibt Leute, die behaupten, noch keine längere Fahrt ohne die obligatorische Panne erlebt zu haben.

Auf den Dächern der Zugwaggons sitzen zahlreiche todesmutige Passagiere – erstens, weil das Zuginnere hoffnungslos überfüllt ist, und zweitens, weil kein Fahrkartenkontrolleur aufs Dach zu klettern bereit ist. Von dieser preiswertesten Reisemethode sei dennoch abgeraten!

Ḍhaka theke Kumillay kishe kore jete parbo?
Dhaka von Kumilla-5 welchem-5 gemacht zu-gehen können-werde(-ich)
Wie komme ich von Dhaka nach Comilla?

apni ṭren diya/diye jete parben.
Sie Zug durch zu-gehen können-werden(resp.)
Sie können mit dem Zug fahren.

Statt ṭren können Sie in diesen Satz auch einsetzen:

bas	Bus
jahaj	Schiff
lãnc	Fähre

ṭikiṭ kothay pawa jay?
Fahrkarte wo erhalten geht
Wo kann man ein Ticket bekommen?

kon kaunṭere ṭikiṭ pabo?
welcher Schalter-5 Fahrkarte erhalten-werde
An welchem Schalter bekomme ich ein Ticket?

bhaṛa kôto?
Miete wieviel
Was ist der Fahrpreis?

kôto shomôy lagbe?
wieviel Zeit nötig-wird
Wie lange braucht er?

reservation (engl.) **lagbe ki?**
Reservierung nötig-wird was
Braucht man eine Reservierung?

ei bash Rangamatit(e) jabe ki?
dies Bus Rangamati(-5) gehen-wird was
Fährt dieser Bus nach Rangamati?

apni amar jaygay boshechen!
Sie mein-2 Platz-5 sitzen(resp.)
Sie sitzen auf meinem Platz!

maf/khôma korun!
Verzeihung machen-Sie!
Entschuldigung!

amar maler upore boshben na!
mein-2 Gepäcks-2 auf sitzen(Sie) nicht
Setzen Sie sich nicht auf mein Gepäck!

bikale ṭren ache ki?
nachmittags Zug ist was
Gibt es einen Nachmittagszug?

bash ṭhik shomôy põuchobe?
Bus richtig Zeit ankommen-wird
Wird der Bus pünktlich eintreffen?

rater ṭren kôkhon charbe?
Nacht-2 Zug wann weg-fahren-wird
Wann fährt der Nachtzug ab?

oi-ṭar pôre ar ṭren nai ki?
jener-der-2 nach noch Zug nicht-ist was
Gibt es nach diesem keinen Zug mehr?

nouko-te khabar jinish pawa jay?
Schiff-5 Essen Sachen erhalten geht
Gibt es an Bord etwas zu essen?

bhalo ache to?
gut ist oder
Taugt das auch was?

jahaj-ṭa kôkhon ashbe bole asha kôra jay?
Schiff-das wann kommen-wird gesagt Hoffnung machen geht
Wann soll das Schiff angeblich eintreffen?

amader Dinajpur hoiya/hoye jete hobe.
uns-4 Dinajpur über zu-fahren sein-wird
Wir werden über Dinajpur fahren müssen.

agami shṭôp kôkhon ashbe?
kommend Stop wann wird-kommen
Wann wird der nächste Halt sein?

Falls Sie nicht auf den nächsten Halt warten können, sagen Sie:

prosrab korte hôbe!
Urin zu-machen wird-zu-tun-sein
Ich muss mal!

thamun, paykhana korte hôbe!
anhalten!, Toilette zu-machen wird-zu-tun-sein
Halten Sie, ich muss mal zur Toilette!

bhaṛa	Fahr-, Mietpreis
ṭikiṭ	Fahrkarte
ṭikiṭer kaunṭer	Fahrkartenschalter
Fahrkarte-2 Schalter	
taim tebl, shomôyer tôpshil	Fahrplan
Zeit-2 Liste	
shṭeshen	Bahnhof, Haltestelle
ghaṭ	Pier
bôndor	Hafen
shôfor, bhromôn	Reise
bash	Bus
ṭren, relgaṛi	Eisenbahn
jahaj, nouka	Fähre
lãnc, launch	Dampfer
uṛo jahaj, biman, plen	Flugzeug
fliegend Schiff	
môṭor-gaṛi	Auto
Motor-Wagen	
ṭrak, lôri	Lastwagen
gorur-gaṛi	Ochsenkarren
Rind-2-Wagen	

musafir, bhromôn-kari	Reisender
ṭäksi-wala	Taxifahrer
Täksi Fahrer	
riksha-wala	Rikshafahrer
Riksha Fahrer	
majhi	Fährmann
tôfat, durôtto	Entfernung
deri	Verspätung
mal, malpôttro	Gepäck
baksho	Koffer, Kiste
durghôtona	Unfall
bipod	Gefahr

Hier einige nützliche Vokabeln zur Orientierung während der Reise:

gram, gã	Dorf
shôhor, nôgor	Stadt
desh	Land, Heimat
môfoshol	Land (Gegensatz zur Stadt)
elaka, ôncôl, paṛa	Gebiet, Stadtteil
rasta, pôth	Weg(strecke), Straße
shôrok	Straße
siṭ, jayga, sthan	Platz
nodi	Fluss
pahaṛ	Berg
shagor, shomudro	Meer
hrôd, lek	See
bon, jôngol	Wald
shima	Grenze
mäp, mancitro	Landkarte

bashe jawa	per Bus reisen
Bus-5 gehen	
ṭrene jawa	per Zug reisen
Zug-5 gehen	
jahaje jawa	per Schiff reisen
Schiff-5 gehen	
cheṛe jawa	abfahren
Weg gehen	
deri kôra	sich verspäten
Verspätung machen	
poũchano	ankommen
ṭren theke nama	aus dem Zug steigen
Zug von absteigen	
calano	(etw.) fahren, steuern
bãdha	festmachen
khali	leer
bhôra	voll
thama	halten
thamano	(etw.) anhalten
ḍuba	sinken
ami dubchi!	Ich sinke!

Auf dem Land

Bangladesch bietet ein faszinierendes Spektrum von Naturschönheiten: Dschungel, Tiger, Leoparden, wilde Elefanten und Krokodile – Vegetation und Wildlife en masse. Mit diesen Attraktionen wirbt auch das Fremdenverkehrsamt, Motto „Come to Bangladesh before the tourists come!"

gefährliche Tiere

Bonno poshu (gefährliche Tiere) gibt es zuhauf in Bangladesch. Nicht alle davon sind immer gut Freund mit Menschen, und so rate ich zu einer gesunden Vorsicht! Im folgenden eine Liste der „gefährlichsten":

bagh (Tiger)

Tiger kommen hauptsächlich im Gebiet der Sunderbans, in den Bergen um Chittagong und in den Dschungeln von Modhupur vor. Tiger greifen häufig Menschen an, deshalb sind Waldwanderungen nur in Begleitung eines bewaffneten Führers zu empfehlen.

cita (Leopard)

Vorkommen: in den Bergen um Chittagong, den Sunderbans, Modhupur und um Sylhet. Greifen zwar nur selten Menschen an, dennoch sind oben genannte Vorsichtsmaßnahmen zu beachten!

banor (Affe)

Affen leben in den Sunderbans und den Bergen um Chittagong. Sie greifen gelegentlich Menschen an und können dabei üble Bisswunden verursachen. Außerdem besteht Tollwutgefahr.

hati (Elefant)

In den Bergen um Chittagong. Angriffe auf Menschen kommen gelegentlich vor, vor allem von hungrigen Elefanten, deren natürlicher Lebensraum eingeengt wurde.

mogor (Krokodil)

In den Sunderbans und den Flüssen des Patuakhali Districts. Angriffe auf Menschen sind selten, von Badeorgien in oben genannten Flüssen sei dennoch abgeraten!

kangot (Hai)

Haie kommen im bengalischen Meerbusen, der Bucht von Bengalen, sowie in den Flussmündungen im Bereich von Patuakhali, Khulna und Barisal vor.

gokkhar shap (Kobra)

Kobras gibt es in den Dschungeln von Modhupur, den Sunderbans, um Chittagong und Sylhet. Die Kobra greift „normalerweise" nur dann an, wenn sie sich bedroht fühlt; dann aber ist der Biss – falls kein Serum vorhanden ist – tödlich!

Es gibt noch jede Menge anderer Schlangen (shap), *darunter Würgeschlangen, wie die Python oder die giftige Kraits.*

Bei allen Wanderungen durch Dschungelgebiete gilt: laut auftreten, damit eventuell am Boden ruhende Schlangen gewarnt werden und Zeit zur Flucht haben.

ungefährliche Tiere

Nicht alles, was durchs Bengalenland kreucht und fleucht, ist eine potentielle Gefahr für Reisende.

Hier noch eine Liste harmloser Tiere:

mohish, mosh	Büffel	**choṭo ĩdur**	Maus
hãsh	Ente	**beji**	Mungo
morog	Hahn	**bôlod**	Ochse
horin	Hirsch	**ghoṛa**	Pferd
murgi	Huhn	**ĩdur**	Ratte
kukur	Hund	**bulbuli**	Singvogel
bachur	Kalb	**jontu**	Tier, wild
beṛal	Katze	**poshu**	Tier, Vieh
kak	Krähe	**pakhi**	Vogel
ga(bh)i, goru	Kuh	**chagol**	Ziege

Krank sein

Ist man mit seinem eigenen Heilwissen am Ende, kann man sich auf drei verschiedene Behandlungsmethoden verarzten lassen:

Zunächst ist da die herkömmliche **Allopathie,** doch deren Tabletten sind in Bangladesch „relativ" teuer, da sie zum größten Teil importiert werden, unter anderem aus Indien. Die **Homöopathie** bietet eine billigere Alternative dazu, und zu guter Letzt gibt es die altüberlieferte Heilkunde der **Ayurveda,** die in Bangladesch/Bengalen unter dem Namen **Kobiraj** verbreitet ist. Diese Medizin basiert rein auf pflanzlichen und mineralischen Substanzen, und – hat man einen kompetenten Arzt erwischt – zeigt oft auch den gewünschten Erfolg.

Doch aufgepasst: Für alle Heilsysteme gilt, dass nicht jeder Arzt, der hochtrabende Titel vor seinem Namen trägt, diese auch tatsächlich verliehen bekommen hat!

Fragen Sie Personen mit besserer Schulbildung, wo sie sich behandeln lassen. Das erspart Ihnen unter Umständen einen Kunstfehler!

ami hăţte pari na.
ich zu-gehen kann(-ich) nicht
Ich kann nicht laufen.

doya kore ekjon ḍakṭarke ḍeke-anun!
Gnade gemacht eine-Person Arzt-4 gerufen-bringen-Sie!
Rufen Sie bitte einen Arzt!

ḍakṭar shaheb kôkhon ashben?
Arzt Herr wann kommen-wird(resp.)
Wann kommt der Arzt?

ami dãter ḍakṭarer kache jabo.
ich Zahn-2 Arzt-2 nahe gehen-werde
Ich muss zum Zahnarzt gehen.

beim Arzt

amar peṭ bãtha korche.
mein-2 Bauch Schmerzen macht
Mein Bauch tut weh.

amar peṭ bhalo nai.
mein-2 Bauch gut nicht-ist
Mein Bauch ist nicht Ordnung.

Im folgenden nun eine Liste von Körperteilen oder -organen, die man anstelle von peṭ in die obigen Sätze einfügen kann:

bahu, hat	Arm
cokh	Auge
peṭ	Bauch, Magen
pa	Bein; Fuß
chati	Brust
buk	Brustkorb
konui	Ellenbogen
angul	Finger
payer pata *Bein-2 Blatt*	Fußsohle

mukh	Gesicht
hat	Hand
camṛa	Haut
hridôy, hart	Herz
komor	Hüfte
gôla	Kehle, Hals
chibuk	Kinn
hãṭu	Knie
haṛ	Knochen
matha	Kopf
shoriṟ	Körper
kojili	Leber
ṭhõt	Lippe
fushfush	Lungen
ghar	Nacken
nak	Nase
mutr<u>a</u>shay, bladar	Blase
kidney (engl.)	Niere
kan	Ohr
piṭh	Rücken
kãdh	Schulter
kôpal	Stirn
tôlpeṭ	Unterleib
dãt	Zahn
maṛi	Zahnfleisch
payer angul *Fuß-2 Finger*	Zeh
jib, jihwa	Zunge

amar shordi hoyeche.
mein-2 Erkältung geworden
Ich habe mich erkältet.

amar kashi ache.
mein-2 Husten ist
Ich habe Husten.

amar matha ghurche.
mein-2 Kopf dreht
Mir ist schwindelig.

rugi	Patient
rog, ôshukh	Krankheit
ôshustho	kränklich, krank
durbôl, kahil	schwach
shashtho	Gesundheit
shushtho	gesund
shushtho kôra *gesund machen*	heilen
bätha, bedona	Schmerz
bätha kôra/dewa *Schmerz machen/geben*	schmerzen
ôshojjo	unerträglich
halka	leicht
gham	Schweiß
ghama	schwitzen
ñih-shash ṭana *Atem ziehen*	(ein)atmen
bhalo howa *gut sein*	gesund werden
rôkto	Blut
paykhana	Stuhl
prosrab	Urin
hôjom	Verdauung

ami aghat peyechi.
ich Verletzung erhielt(-ich)
Ich habe mich verletzt.

ei haṛ-ṭa bhengeche ki?
dies Knochen-der gebrochen was
Ist dieser Knochen etwa gebrochen?

amar bomi lagche.
mein-2 Übelkeit anhaftet
Mir ist übel.

amar jôr ache.
mein-2 Fieber ist
Ich habe Fieber.

ami gôrbhoboti.
ich im-Bauch-tragend
Ich bin schwanger.

ami daiabetik.
ich Diabetiker
Ich bin Diabetiker.

Medizin

oshuder dokan, *Medikament-2 Laden* **oshudhkhana**	Apotheke
oshudh	Medizin
ṭikka	Impfung
boṛi	Tablette, Pille
ṭäbleṭ	Tablette
môlom	Salbe
poṭṭi, bändej	Verband
injekshan	Spritze
chũc	Nadel

apnar amashôyer oshudh ache?
Ihr-2 Ruhr-2 Medizin ist
Haben Sie ein Mittel gegen Ruhr?

Krankheiten

shordi, influenja	Erkältung, Grippe
bôshonto	Pocken
kashi	Husten
kasha	husten
durghô̱tona	Unfall
aghat, jôkhom, ghaa	Verletzung, Wunde
ahôto, jôkhom	verletzt
kalshite	Bluterguss
kata	Schnitt
jôr	Fieber
bomi	Übelkeit
bomi kôra *Übelkeit machen*	sich erbrechen
amashôy	Ruhr
phõṛa	Furunkel
bat	Rheuma
udôramoy	Durchfall
ola-uṭha, cholera (engl.)	Cholera
influenja	Grippe
malaria	Malaria
haṛbhanga	Knochenbruch
kamoṛ	Biss
bish	Gift
(saper) dôngshôn	(Schlangen-)Biss
dushôn, infection (engl.)	Infektion
bikôlai	Nieren-Entzüdung
krimi	Würmer
côrmorog	Hauterkrankung

Pliz (please)**, kono injekshan cai na.**
bitte keine Spritze wünsche(-ich) nicht
Bitte keine Spritze/Betäubung!

amar nijer injekshan kache ache.
mein-2 Spritze bei ist
Ich habe meine eigene Spritze dabei.

amar insurancer jonno dolil/roshid lagbe.
mein-2 Versicherung-2 für Dokument/Quittung nötig-sein-wird
Ich brauche eine Quittung für meine Versicherung.

Toilette & Hygiene

Bengalische Toiletten sind in der Regel die in Asien üblichen Hock-Klos, also Öffnungen im Boden, über die man sich hinhockt. Das macht der Beinmuskulatur anfangs schwer zu schaffen. Leute mit Weitblick in Sachen Toilettenkultur werden aber erkennen, dass diese Art Klo von Vorteil ist: Erstens ist es hygienischer, da man mit nichts in Berührung kommt, und zweitens wird durch die Hockstellung ein förderlicher Druck auf die Darmgegend ausgeübt.

Leider wimmeln viele Toiletten in Bangladesch von Moskitos und den von jedermann gehassten Kakerlaken. Letztere erreichen oft ein Riesenformat.

Damit Sie die richtige Örtlichkeit nicht verfehlen, hier auch die wichtigsten Vokabeln in bengalischer Schrift:

পায়খানা -কাথায়?	পুরুষ	মহিলা
paykhana kothay?	**purush**	**mohila**
Toilette wo	*Mann*	*Frau*
Wo ist die Toilette?	Herren	Damen

Klopapier ist teuer und daher zumeist nur in Hotels zu finden. Das Reinigen mit Klopapier ist zudem landesunüblich: Man benutzt Wasser und die linke Hand!

prosrab kora	urinieren
Urin machen	
paykhana kora	Stuhlgang haben
Toilette/Stuhl machen	
udôramoy, petkharap	Durchfall
hôjom	Verdauung
paykhana	Toilette/Stuhl
lätrin	Toilette
paykhanar kagoj	Klopapier
Toilette-2 Papier	

prosrab korte hobe.
Urin zu-machen nötig-ist
Ich muss mal („klein").

paykhana korte hobe.
Toilette/Stuhl zu-machen nötig-ist
Ich muss mal („groß").

hôjom hoy na.
Verdauung ist-zu-tun nicht
Die Verdauung streikt.

udôramoy lagche.
Durchfall anhaftet
Ich habe Durchfall.

Wo man kein Bengali braucht

Nicht immer brauchen Sie Bengali-Kenntnissse, um sich verständlich zu machen.

Flughafen

Auf dem Flughafen werden Bengali-Kenntnisse kaum gefordert sein. Die Durchsagen in den Wartehallen als auch in den Flugzeugen der Bangladesh Biman Airlines erfolgen zuerst in Bengali, dann in Englisch. Das Personal am Boden und in der Luft spricht beide Sprachen.

auf der Bank

Jeder Bankbeamte wird verstehen, was man will, wenn man seine Traveller-Cheques vor seine Nase hält! Die Sprache des Geldes ist international.

Aber nicht vergessen: Am Freitag bleiben die Banken in Bangladesch geschlossen (außer im indischen Westbengalen), ebenso an anderen moslemischen oder sonstigen Feiertagen.

Währungseinheit ist der ṭaka, der in 100 pôysha unterteilt ist.

ṭaka	Taka (Währungseinheit)
pôysha	Poysha (Währungseinheit)

ṭaka-pôysha	Geld
bhangti, khucro	Kleingeld
kagojer ṭaka	Papiergeld
Papier-2 Taka	
rejgi	Münze, Kleingeld
bodlano, cenj kôra	wechseln
har, ret	Wechselkurs
bhromon-karir cek	Reisescheck
Reisender-2 Scheck	

Das englische „traveller cheque" wird natürlich auch verstanden!

Behörden

Auf Behörden kann man sich auch auf Englisch verständigen.

dôftor, affish	Büro, Amt
bibhag, sekshan	Abteilung
thana, pulishsteshan	Polizeiwache
pulish	Polizei
jelkhana	Gefängnis (nur der Vollständigkeit halber erwähnt!)
uporiwala	Vorgesetzter
poricalok	Direktor
dolil	Dokament
dôrkhasto	Antrag
dôrkhasto dewa	Antrag einreichen
Antrag geben	
onumôti	Genehmigung
bhisha	Visum
bistrito kôra	verlängern
ausbreiten machen	

Post

Auch auf der Post ist mit Englisch alles geritzt. Vergessen Sie nicht, alle Postkarten und Briefe sofort abstempeln zu lassen, da die wackeren Postillone sonst die Marken ablösen und wieder verkaufen! Aerogramme, bei denen die Frankierung eingedruckt ist, sind am besten, aber deren Preise erhöhen sich von Zeit zu Zeit, und so müssen auf die überholten Frankierungen Zusatzmarken aufgeklebt werden. Die müssen dann wieder abgestempelt werden!

ji-pi-o *wird die Abkürzung* G.P.O. *(engl. „general post office") ausgesprochen.*

aerogram	Aerogramm (Luftpostleichtbrief)
ciṭhi	Brief
ḍakṭikiṭ, shṭemp	Briefmarke
ḍakghor, poshṭ affish	Postamt
ji-pi-o	Hauptpostamt
biman ḍake	per Luftpost
Flugzeug Post-5	
tarbarta, ṭeligram	Telegram
kham	Umschlag
ṭelifon, durbhasha	Telefon
fon kôra	telefonieren
Telefon machen	
pathano	schicken

Schimpfen & Fluchen

Schimpfworte haben es an sich, von der Person, an die sie gerichtet sind, nicht gern gehört zu werden. Die Bengalen sind als recht heißblütig bekannt, und man sollte sich gut überlegen, wem man was an den Kopf schleudert. Ansonsten könnte es durchaus sein, dass man von dem Vokabular, das im Kapitel „Beim Arzt" zu finden ist, Gebrauch machen muss! Es ist aber dennoch gut, die Kraftausdrücke zu kennen, falls man selber damit betitelt werden sollte.

Es ist allerdings selten, dass ein kultivierter Bengale solche Schimpfworte benutzt.

bodmash	Schurke, Ganove
gunda	Schurke, Schlagdrauf
rôngbaj	Ganove
harami	Bastard
haramjada	Bastard, Mistkerl
shala *Schwager*	Drecksack
suorer bacca *Schwein-2 Kind*	Arschloch
konjush	Geizkragen
kuttar bacca *Hund-2 Kind*	Hundesohn
khankir bacca *Hure-2 Kind*	Hurensohn
khankir jhi *Hure-2 Tochter*	Hurentochter

Viele dieser „Nettigkeiten" können mit shala kombiniert werden. So entsteht z. B. ein shala harami (elender Bastard) oder ein shala konjush (geiziges Arschloch).

Ansonsten kann den Ausdrücken zur Steigerung ein ek nomber (wörtl. „eins Nummer") vorangestellt werden: Ein ek nomber bodmash ist somit ein „Schurke der ersten Güteklasse", ein ek nomber shala so etwas wie das „letzte Arschloch" oder die „letzte dumme Sau".

Das Beleidigen (gali dewa) ist in vielen Fällen ein Ersatz für eine ernstere physische Auseinandersetzung, kann aber auch die Vorstufe derselben sein. Versuchen Sie es selber bitte nicht!

Dringende Hilferufe

Falls Sie in Schwierigkeiten geraten sind und sich nicht richtig verständlich machen können, habe ich hier einige „Hilferufe“ in bengalischer Schrift ergänzt.

সাহায্য করুন!	-হলপ!
shahajyo korun!	**help!**
Hilfe machen-Sie!	*Hilfe*
Hilfe!	Hilfe!

আমার ওপর ডাকাতি ক-র-ছ!

amar opor dakati koreche.

mein-2 auf Überfall getan(-er)

Ich bin überfallen worden!

এখা-ন একটা দুর্ঘটনা ঘ-ট-ছ!

ekhane ekta durghôtona ghoteche.

hier ein Unfall geschehen

Es ist ein Unfall passiert!

প্লিজ, আমার স-ঙ্গ তাড়াতাড়ি আসুন!

pliz, amar shônge taṛataṛi ashun.

bitte, mein-2 mit schnell kommen(Sie)

Bitte kommen Sie schnell mit!

আমার এখুনি একজন ডাক্তার দরকার!

amar ekhuni ekjon dakṭar dôrkar.

mein-2 jetzt(-sofort) eine-Person Arzt nötig

Ich brauche ganz schnell einen Arzt!

প্লিজ, একটা আমবু-লনস ডাকুন!

pliz, ek-ṭa ambulensh dakun.

bitte, ein-der Krankenwagen rufen(-Sie)

Bitte rufen Sie einen Krankenwagen!

প্লিজ, পুলিশ-ক ডাকুন!

pliz, pulishke dakun.

bitte, Polizei-4 rufen(-Sie)

Bitte rufen Sie die Polizei!

আমি জার্মান

ami jarman.

ich Deutscher/Deutsche

Ich bin Deutscher/Deutsche!

Literaturhinweise

Der heimische Büchermarkt gibt über Bengali nicht allzu viel her. Wer ohnehin auf dem Sprung nach Bangladesch ist, sollte sich in Dhaka nach den folgenden Büchern umschauen:

Die hier genannten Bücher/Schriften sind nicht über den Reise Know-How Verlag erhältlich.

An Introduction to Bengali Language and Literature von Jahanara Imam. Erschienen bei Gazi Shahabuddin Ahmed Sandhani Prokashani, Dhaka. *(3-bändiges Werk, sehr anschaulich und übersichtlich)*

Bengali for Foreigners von einem gewissen Brother James, erschienen bei University Press Limited, Dhaka. *(empfehlenswert, Vielzahl von Beispielsätzen und Vokabeln)*

Colloquial Bengali Grammar von A. G. MacLeod. Erschienen beim Christian Literature Centre, Chandpur. *(nur für den, der bengalische Schrift lesen kann; die Grammatik wird kurz, aber präzise erklärt)*

Grundzüge einer Laut- und Schriftlehre des Bengalischen von Shyamal, Dasgupta, Verlag S. Groos

Lehrbuch des Bengalischen von Zbavitel, Dusan, Verlag S. Groos. *(erhältlich ist auch ein dazugehöriger (Antworten-)Schlüssel)*

Abhidhan/Wörterbuch, German/Bengali von Nabinananda Ghose, verlegt bei Jagadananda Ghose, Calcutta 700 006.

Die folgenden Wörterlisten enthalten einen Grundwortschatz von je ca. 1000 Wörtern. Nicht aufgenommen wurde Spezialvokabular, das einfacher in den jeweiligen Kapiteln zu finden ist, z. B. Farben, Zahlen, Verwandtschaftsbezeichnungen, Richtungsangaben, Krankheiten etc.

A

aber kintu
Abschied biday
abschließen cabi dewa, bôndho kôra
Absicht ud'deshe
Adresse ṭhikana
akzeptieren grohon kôra, newa
alle shôb
allein eka
alles shôb
allmählich krame-krame, ashte-ashte
als (Vergl.) ceye
alt (Ding) puraton
alt (Frau) buṛi
alt (Mann) buṛo
Alter bôyosh
alter Mann buro lok
Anblick drishsho
anbringen lagano
andere/r onno
anders alada, bhinno
Anfang arombho
anfertigen toiri kôra
Angelegenheit bishoy
angemessen ucit
Angst bhôy
Angst einjagen bhôy dekhano
Angst haben bhôy kôra
anhalten (Taxi) thamano
Anker nongor
anklagen doshi kôra
ankommen põuchano
anstelle von bodole
Antrag dôrkhasto
Antwort uttor
antworten uttor dewa
anwesend uposthit
Anzahl shônkha, nômbor
Arbeit kaj
arbeiten kaj kôra
Arbeiter kormi, shromik
Ärger birôkto, kôshṭo
arm gorib
Armee shenabahini
Armreif cuṛi
Art rôkom
Art, auf diese ei-bhabe, emni
Arzt dakṭar
atmen ni'shash tana
auf (oben) opore
aufbewahren rakha
Aufruhr hangama
ausgeben (Geld) khôroc kôra
Ausländer bideshi (lok)
ausländisch bideshi
ausleihen (für sich) dhar kôra
ausrufen citkar kôra
außer (ohne) chaṛa
aussortieren alada, bächa
Aussprache uc'caron
aussuchen beche newa
auswendig lernen mukhostha kôra
Auto môtor gari
Axt kuṛal

B

Baby shishu (bacca)
backen shẽka
baden snan (kôra), gosal kôra
Bambus bãsh
Bart dãṛi
Basar bajar
bauen toiri kôra
Baum gach
Baumwolle tulo, kapash
beantragen dôrkhasto dewa
bedecken dhaka dewa
bedenken bibecôna kôra
Bedeutung mane, ôrtho
beeilen, sich taṛataṛi kôra
beenden shesh kôra
Befehl adesh
beginnen ar̲ombho kôra
behaupten dabi kôra
beide duṭo-i
beißen kamṛano
belästigen birôkto kôra
Beleidigung gali, ôpoman
Belohnung puroshkar
bemerken kheyal kôra
Benehmen acoron, bäbohar
Bengali bangla
benutzen bäbohar kôra
bereit prostut
Berg pahaṛ
berichtigen shuddho kôra
Beruf pesha
berühren spôrsho kôra/chõwa
beschweren, sich nalish kôra
Besen jhaṛu
Besitzer malik, oḍhikari
besonder/e/es bishesh
bestreiten oshshikar kôra
besuchen dekha kôra
Betelblatt pan
Betelnuss shupuri
betrachten takano
betrügen ṭhôkano
Bett bichana
betteln bhikkha kôra
Bettler bhikkhuk
Beutel bôsta
bewegen (etw.) nôṛano
bewegen, sich nôṛa
Beweis proman
Bild chobi
billig shôsta
bis porjonto
bis jetzt ekhon-o
Bitte onur̲odh
bitte! doya kore!
bitten onur̲odh kôra
bitter tẽto, tikto
Blatt pata
bleiben rôha, thaka
blind ôndho
Blut rôkto
Boden maṭi, mejhe
Bohne shim
Bösartigkeit bôdmaishi, dushṭomi
böse bodmaesh, dushṭo
braten bhaja
Braut bou
Bräutigam bôr
brechen bhanga
breit couṛa
brennen (etw.) poṛa
brennen (selber) jjôla
Brief ciṭhi
Brille côshma
bringen ana, niye asha
Brücke pul
Brunnen kuya
Buch boi
Buchstabe okkhor
Bürde bhar, bojha
Bus bash
Busch jhõp

D

Dach chad
Datum tarikh
Decke kômbol
denken mone kôra
deshalb shei jonno
dicht ghono
Dichter kobi
Dichtung kobita
dick moṭa
Dieb cor
Diebstahl curi
Diener cakor
Ding jinish
Dorf gram
dort okhane
Draht tar
draußen baire

drehen (etw.) ghorano
drehen, sich ghora
drücken capa, cap dewa
drucken (z.B. Buch) chapano, chapa
dumm boka
Dummheit bokami
Dummkopf boka
Dung shar
dunkel ãdhar, ôndhokar
Dunkelheit ãdhar, ôndhokar
dünn patla
durch (mittels) diya, diye
Durchschnitt gôṛe
Durst pipasha, trishna

E

eben(mäßig) shoman
echt ashol
Ecke kon, kona
Ehefrau bibi, stri
Ehemann shami
ehrlich shôt
Eifersucht hingsha
eigene/r/s apon, nijer
Eigenschaft (gute) gun
eilig taṛataṛi
Eimer balti
eingestehen shikar kôra
einige kichu, kôyek
einkaufen kena-kati kôra
Einladung nimotron
einmal ek bar
Eisen loha
Ende shesh
eng shoru
Entfernung tôfat
entleeren khali kôra
erbrechen, sich bomi kôra
Erde maṭi
erdulden shojjo kôra
ergreifen dhôra
erhalten pawa
erinnern, sich mone rakha
Erinnerung, aus der mukhostha
erklären bujhano
erlauben onumoti dewa
Erlaubnis onumoti
ernst gombhir
Ernte fôshol, shoshyo
Erscheinen uposhthit hôwa
erscheinen bodh hôy
erwachen jaga
erwähnen ullekh kôra
Erzählung gôlpo
Essen khabar, khana
essen khawa
Etage tôla
etwas kichu

F

fahren (lenken) calano
Fahrpreis bhaṛa
Fahrrad (bai)shaikel
Fahrzeug gaṛi
Falle fãd
fallen pôṛa
falls jodi
Familie poribar
fangen dhôra
Farbe rông
Farmer krishôk
fast pray
faul (nicht fleißig) ôlosh
faul (verdorben) pôca
fegen jhaṛu dewa
Fehler bhul, dosh
Feld khet
Fenster janala
fertig toiri
fertigstellen toiri kôra
festbinden bãdha
fett moṭa
feucht bhija
Feuer agun
finden khũjiya/khũje pawa
Fisch mach
fischen (angeln) mach dhôra
Fischer jele
flach cäpṭa
Fleisch mangsho
fliegen oṛa
Fluss nodi
fordern dabi kôra
Forderung dabi
Form akar
Foto chobi
Frage proshno
Frau mohila, strilok
Freiheit mukti
Fremder ôjana lok
Freude anondo
Freude bereiten khushi kôra
freuen, sich khushi hôwa

Freund bondhu
Freundlichkeit bhôdrota, dôya
Frieden shanti
frieren shit kôra
frisch taja
frisch (z.B. Gemüse) ṭaṭka
Friseur napit
Fruchtkern bici
fühlen bodh kôra
fürchten, sich bhôy kôra

G

Gabel (a. Dorn) kãṭa
ganz shara, shomoshto
gänzlich ekebare, shôb
gar shiddho
Garten bagan
Gärtner mali
Gasse goli
Gast otithi
geben dewa
Gebiet ôncol, paṛa
gebogen bãka
Gebrauch niyom, riti
Gedanke cinta
Gedicht kobita
Geduld dhoirjo
geduldig sein dhoirjo dhôra
geduldig sein (warten) shobur kôra
Gefahr bipod
Gefährte shathi, shongi
Gefallen pôchondo
Gefängnis (Gebäude) jel, jelkhana
gegen biruddhe
Gehalt betôn, maina
gehen côla, jawa
Geist mon
Geister! (Spuk) bhut!
geizig kripon, kipte
Geld ṭaka, pôysha, ṭaka-pôysha
Gelegenheit shubidha, shujog
gelegentlich shomôy-shomôy
geradeaus shoja
Geruch gôndho
gesamt moṭ, sôbsômet
geschäftig bästo
geschehen hôwa
Geschichte gôlpo
geschickt cotur, calak
geschlossen bôndho
Geschmack shad
Gesellschaft shômaj
Gesetz ain
Gesicht mukh
Gestalt akar
Gestank durgôndho
Gesuch dôrkhasto
gesund shustho
gesund werden bhalo hôwa, shustho hôwa
Gesundheit shashto
Gewehr bonduk
Gewinn labh
Gewohnheit obbhash
gewöhnlich shadharon
gießen ḍhala
Gift bish
Glas glash
glatt shoman, plen
Glaube bishwash
glauben bishwash kôra
gleich ek rôkom, ek-i
gleich (wie) moto, shoman-shoman
Glocke ghônṭa
Glück shukh, anondo
glücklich khushi, anondito, shôntushṭo, shukhi
Gold shona
Gott (Hindu) bhôgoban, ishshar
Gott (mosl.) allah, khoda
grausam nisṭhur, niṭhur
Grenze shima
groß bôṛo, dirgho, brihot
Grund karon
Gruppe dôl
Gummi rôbar
gut bhalo, ṭhik, accha!

H

halten dhôra, rakha, thama
Handvoll mushṭhi
hängen (hin-) jhulano
hängen (selber) jhola
hart shôkto
Hass ghriṇa
Hauptstadt rajdhani
Haus baṛi, ghôṛ
heilig pobitro

heimlich gopone
heiraten biye kôra
heiß gôrom
helfen shahajjo kôra
hell ujjôl
Herz (Gefühl) hridoy
Herz (Organ) hridpindo
hier ekhane
Hilfe shahajjo
Himmel akash
hinaus baire
hinlegen, sich showa, shôyôn kôra
hinstellen khaṛa kôra
Hitze tap, gôrom
hoch ũca
hoch (Preis) côṛa
Hochzeit biye, bibahô
hoffen asha kôra
Hoffnung asha
Hölle nôrok
Holz kaṭh
hören shona
Hunger kkhuda
hungrig sein kkhuda laga

I

immer wieder bar-bar
interessant môjar
Interesse jhõk, tan
irgendein kono
irgendeiner je kono lok
irgendwie kono rokome

J

ja hã, hã, he, ja
Jahr bôtshor, shal
Jahreszeit ritu
Jahrmarkt mela
jede/r/s prottek, shôkol
jemand keho, kono lok
jung jowan, ôlpo bôyosher
Junge balok, chele
junge Frau juboti
junger Mann jubôk
Jute paṭ

K

Kaffee kôfi
Käfig khãca
Kalender ponjika
kalt ṭhanḍa
Kamm ciruni
Kampf maramari
Kanal khal
kaufen kena
kaum pray-i ... na, äkdom na!
kennen cena, jana
Kern bici
Kerze mombati
Kind bacca
Kinder chele-meye
Kirche girja
Kiste baksho
Klage nalish
Klang shôbdo
klar (deutlich) spôshṭo
Kleidung jama-kapoṛ, kapor-jama
klein choṭo
Kleingeld bhangti, rejgi
Kleinkind shishu, bacca
Klima jôlbayu
Koch baburci, rãdhune
kochen ranna kôra
kochen (etw.) fotano, pak kôra
kochen (gar kochen) shiddho kôra
kochen (selber) foṭa
Koffer baksho
kommen asha, agomon kôra
kommend agami
König raja
Königin rani
können para
Kopfkissen balish
Korb jhuṛi, ṭukri
korrekt shuddho, ṭhik
Kraft bôl, jor, shokti
krank rogi, ôshustho
Krankheit rog, ôshukh
Krug kôlosh
Krug kolshi
Küche ranna-ghôr
Küche (mosl.) baburci-ghôr
kurz khaṭo, choṭo
küssen cuma dewa, cumbôn kôra

L

lachen hãsha
Lachen hãshi
Lampe bati
Land desh
Landbesitzer jomidar

Landkarte mancitro, mäp
lang lômba, dirgho
langsam aste-aste, dhire-dhire
Lärm golmal, aoaj
Last bhar, bojha
laut jore
laute Stimme ucco konṭho
Leben jibôn
leben (wohnen) bash kôra
lecker shusshadu
Leder camṛa
leer khali
Lehre shikkha
lehren shekhano, shikkha dewa
Lehrer masṭar, shikkhok
Lehrerin shikhoyitri
leicht halka, shôhoj, shoja
Leim aṭha
lernen shikkha kôra, shekha
lesen pôṛa
letzte/r/s gôto, ager
leuchten ujjôl hôwa
Leute lok(-guli, -gulo)
Liebe prem
lieben bhalobasha
Lied (allg.) gan
Lied (Volks-) lok-songit
liegen poṛiya thaka
Linie rekha, dag
Lob proshongsha
loben proshongsha kôra
Loch chidro
locker alga, ḍhila
Löffel camoc
lose alga, ḍhila
lügen mitṭha kôtha bôla
Lügner mitṭhuk

M

machen (herstellen) toiri kôra, banano
machen (tun) kôra
Mädchen meye, balika
Magazin potrika
Magen peṭ, udôr
Mahlzeit khabar, khana
manche kôyek, kichu
manchmal majhe-majhe
Mann purush
Markt bajar
Maschine jôntro
Maß (Gewicht) ojon
Medizin oushôd
Mehl (fein) moyda
Mehl (grob) aṭa
mehr ar, aro
Meinung môt, obhimôt
Mensch lok, manush
Menschen lok(-gulo)
Messer caku, churi
Messing pitol
Metall dhatu
Methode niyom
Miete bhaṛa
mieten bhaṛa kôra
mindestens kôm pokkhe
mischen meshano
Misstrauen shôndeho
missverstehen bhul bojha
mitnehmen niye jawa
mitten in moddhe, majhkhane
Möbel ashbab(-pôtro)
mögen bhalolaga, pôchondo kôra
möglich shômbhôb
möglicherweise hôyto
Monat mash
Mond cãd
Monsun bôrsha(-kal)
Moschee mashjid
Moskito môsha
Moskitonetz môshari
Moslem muslim
Motor jôntro, môtor
müde klanto
Münzen rejgi
Museum jadhughôr
Musik gan-bajna, shongit
Mut shahosh
mutig shahoshi
Mutter ma, mata

N

nach pôre
Nachbar protibeshi
Nachricht khôbor, shôngbad
nächste/r/s agami
Nacht rat, rattri
Nadel chũc
Nagel perek
nah kache, nikoṭe
nähen shelai (kôra)
Name nam

nass bheja
neben pashe
nehmen newa
Neid hingsha
nein na
Netz jal
neu nuton
nicht na
nichts kichuna
nie kôkhon-o na
niedrig nicu
niemand keho-na, keu-na
nirgendwo kotha-o-na
noch ekhon-o
noch nicht ekhon-o-na
Notizbuch khata
notwendig dôrkari
nur khali, kebol, matro, shudhu
nützlich kajer

O

Obst fôl
Obstkern bici
oder ba, kingba
Ofen culo, unun
Öffentlichkeit jônoshadharon
oft bar-bar, bare-bare
ohne bina, chaṛa
okay! accha!
Öl tel
Original adi, khãṭi
Ort jayga, sthan

P

Paar joṛa
Papier kagoj
Patient rugi
Person lok, môhashoy, bäkti
Pfad pôth
Pferd ghoṛa
Pflanze caṛa, choto gach
pflücken para
Pille boṛi, guli
Platz jayga
plötzlich hôṭhat
Polizei pulish
Polizeistation thana
Post ḍak
Postamt ḍakghôr
Preis dam, dôr
pressen capa
Prüfung porikkha
Pumpe kôl (pamp)

Q/R

Quittung roshid
Rad (Reifen) côkro, caka
rasieren (dari-)kamano
Rate dôr
Rechnung hishab
Regel niyom
regelmäßig ritimoto
Regen brishṭi
regieren shashon kôra
regnen brishṭi pôra
reich (Person) dhoni, bôṛolok
reif paka
rein khãṭi
Reise bhrômon, shôfor
Reisender bhrômonkari, musafir
Reis-Ernte dhan
Religion dhôrmo
rennen douṛano, dour dewa
reparieren ṭhik kôra, meramot kôra
Respekt shômman
respektieren shômman kôra/dewa
retten bãcano
richtig ṭhik
riechen gôndho shuka
Ring (Finger-) angti
Ring (Kreis) côkro
Rose golap
Ruf ḍak
rufen ḍaka
ruhen bisram kôra

S

Saat bici, bij
Sache jinish
Sack bôsta
säen bona, buna
Saft rôsh
saftig rôshal
sagen bôla
Same bici, bij
sammeln jôma kôra
Sand bali, balu
Satz bakko
sauber porishkar
säubern porishkar kôra

sauer (Geschmack) ṭôk
schal bashi
schälen chela
Schande glani
scharf dhar, dharalo
scharf (Geschmack) jhal
Schatten chaya
scheinen bodh hôy
schenken dan kôra, upohar dewa
Schere kãci
scherzen ṭhaṭṭa kôra
schicken paṭhano
Schicksal bhaggo
schießen guli kôra
Schiff jahaj
Schiff (kleines) nouka
Schlaf ghum
schlafen ghumano, mara
Schlamm kada
Schlange shap
schlau calak, cotur
schlecht kharap
schließen bôndho kôra
schließlich ôbosheshe, shesh-porjonto
Schlüssel cabi
schmecken (etw.) shad newa/kôra/pawa
schmelzen gôla, gôlano
Schmerz bätha
Schmerz zufügen (jdm.) bätha dewa
schmerzen (weh tun) bätha kôra
Schmiergeld ghũsh
schmilzen gole jawa
Schmuck gôyna
schmutzig môyla
schneiden kata
Schneider dorji
schnell joldi, shighro
schön shundôr
Schrei citkar
schreiben lekha
schreien citkar kôra
schuldig doshi
Schuldiger doshi
Schule ishkul, skul
Schüler chatro
Schülerin chatri
Schurke bôdmash
schütteln naṛano
schützen rokkha kôra
schwach durbôl, kahil
schwatzen gôlpo kôra
schwer bhari
schwierig koṭhin
Schwierigkeiten kôshṭo, koṭhinôta
schwimmen shãtar dewa/kaṭa
Seele atta, atma
sehen däkha
sehen (bemerken) lokkho kôra
sehr khub
Seide reshom
Seife shaban
Seil rosshi, doṛi
sein hôwa
Seite pata
Seite, an der pashe
selbstverständlich nishcoy, ôbosshô
selten kôdacit, khub kôm
seltsam ôdbhut
sicherlich nishcoy, ôbosshô
singen gan gawa
sinken ḍuba, dube jawa
Sitte niyom, riti
sitzen bôsha
so (auf diese Art) ei-bhabe, emni
sofort (jetzt) ekhôn-i
sofort (später) tôkhôn-i
Soldat shoinik
Sonne shurjjo
Sorge cinta
sorgen, sich cinta kôra
sorgfältig shabdhane
Sorte rôkom
Spaß môja
Spiegel ayna
Spiel khäla
spielen khäla kôra
Sprache bhasha
springen lafano
Stadt nôgor, shôhor
stark (Gegenstand) mojbut
stark (Person) shoktishali, bôloban
Stärke bôl, shokti
starren takano
Staub dhula, dhulo
stehen dãṛano
stehlen curi kôra
Stein pathor
stellen rakha
sterben môra
Stern tara, taroka
still cup, nirjon

still sein cup kôra
Stimme shôr
Stock laṭhi
Stockwerk tôla
Stoff kapoṛ
Stolz ôhongkar
stören birôkto kôra
stoßen dhakka dewa
Straße rasta, shôṛok
Streichholz diyasholai, dishlai
Streit jhôgra, dôndo
streiten jhôgra kôra, tôrko kôra
streng kôṛa
Stück tukṛô
Student chatro
Studentin chatri
studieren pôṛa, lekha-pôṛa kôra
Stufe dhap
Stuhl kurshi
stumm boba
Stunde ghônṭa
suchen talash (kôra), shônḍhan (kôra), khõja
Sünde pap
süß mishṭi, miṭha

T

Tabak tamak
tadeln shashon kôra
Tag din
tanzen nac, nac kôra
Taschendieb pôkeṭmar
Taschentuch rumal
Tasse kap
Tat kaj
tatsächlich taito, prokitopokkhe
taub kala
täuschen (jdn.) bhulano
Tee ca
Teich pukur, pushkôrini
Teil bhag, ôngsho
teilen bhag kôra
teilen (zerschneiden) tukṛo kôra
telefonieren fon kôra
Teller thala
Tempel mondir
Teppich galica
teuer dami
Thema bishoy
Tier jontu, poshu
Tinte kali
Tisch mejh
Tod môron, mrittu
Toilette paykhana
tot mrito, môra
töten mariya fela, khun kôra
tragen shojjo kôra, bôhon kôra
tragen (Kleidung) pôra
Tragetasche tholi
Traum shôpno
traurig du'kkhito
Treppe shĩṛi
trinken khawa, pan kôra
trocken shukno
Tropfen fõṭa
tun (machen) kôra
Tür dôrja

U

über (örtl.) upore
über (Thema) bishoye
über (Weg) hoye
überqueren par hôwa
überrascht ôbak
übersetzen onubad kôra
Ubersetzung onubad
Ufer tir
Uhr ghoṛi
Umschlag kham
umsonst emni
und ar, ebong, o
ungefähr moṭamuṭi, pray
unmöglich ôshombhôb
unreif kãca
Unsinn baje kôtha
unter nice
unterdrücken dômon kôra
Unterdrückung dômon
Unterschied tôfat
unterschreiben shoi kôra
Unterschrift shakkhor, shoi, dôshtokhôt
unzufrieden ôshontushṭo
Urin prosrab
urinieren prosrab kôra

V

vegetarisch niramish
Ventilator pakha
verabscheuen ghriṇa kôra
verabschieden (jdn.) biday kôra/dewa

verabschieden (sich) biday newa
verantwortlich dayi
verbieten mana kôra, nishedh kôra, baron kôra
verbinden joṛa lagano
Verbot nishedh
verbringen, Zeit shomôy katano
verderben (etw.) nôshṭo kôra
verderben (z.B. Obst) nôshṭo howa
vergangen gôto
vergessen bhuliya jawa
vergleichen tulona kôra
verhaften greptar kôra
verkaufen beca, bikri kôra
verleihen dhar dewa, kôrjo dewa
verlieren harano
Verlust lokshan
vermieten bhaṛa dewa
verrückt pagol
Verrückter pagol (lok)
verschämt lajuk
verschiedene bibhinno, kôyek rôkom
verspäten, sich deri kôra
verspätet derite
Verspätung deri
Versprechen protigga
versprechen kôtha dewa, protigga kôra
Verstand bodh, buddhi, mon
verstecken (etw.) lukano
verstehen bujha
versuchen cheshṭa kôra
Verwandter attiyo, shôjon
verzeihen map kôra, khôma kôra
viel beshi, khub
viel(e) ônek
vielleicht hote paṛe, bodh hôy
Vogel pakhi
voll bhôra
völlig ekebare
von theke
vor (örtl.) shamne
vor (zeitl.) age
vorbereiten prostut kôra
Vorhang pôrda
vorlesen poṛia shunano
Vorschlag prostab

W

wachsen bôṛo hôwa
Wagen gaṛi
wahr shotto
Waise ônath
Wald boṇ, jôngol
Wand dewal
warm gôrom
warten shobur kôra, ôpekkha kôra
was immer ja kichu
waschen dhowa
Wasser jôl, pani
Wasserhahn jôler kôl
Wasserpfeife hũka, hũko
wechseln bôdlano
wecken jagano
Weg pôth, rasta, shôṛok
wegen karone
weich nôrom
weil karon
weinen kãda
weise gãni
weit dur
Welt (All) jôgot
Welt (Erde) prithibi
wenig kôm
wenig, ein ekṭu, ôlpo
wenig, ein (Hindi) ekṭu, ôlpo, thoṛa
wenn jodi
werden hôwa, thaka
werfen chuṛa
wichtig joruri, dôrkari
wieder abar
wiegen (etw.) ojon kôra
willig iccha-katur
wirklich (rein) ashol
wissen jana
Woche shôptaho, hôpta
Wochenmarkt haṭ
Wohlgeruch subash, shugôndho
wohlschmeckend susshadu
wohnen bash kôra
wollen cawa
Wort shôbdo
Wunde gha
Wunsch iccha
wünschen iccha kôra, cawa
wütend sein rag kôra, raga

Z

Zahl nômbor, shônkha
zahlen pôysha/ṭaka dewa
zählen gona
Zeichen cinho, lôk'khon
Zeit kal, shomôy
Zeitung khôborer kagoj
Zentrum kendro
zerstören dhôngsho kôra
Zerstörung dhôngsho
ziehen ṭana
Ziel lok'kho
ziemlich ekebare
Zigarette shigreṭ
Zigarre curuṭ
Zimmer kamra, ghôṛ
Zoo ciria-khana
Zorn rag
zornig sein rag kôra
Zucker cini, shôrkôra
zufrieden khushi, shôntushṭo
zurückkehren firiya asha, fire asha
zusammen ek otre, ek sônge, ek shônge
zusätzlich otirikto, uporontu
Zustand ôbostha
zustimmen ek môt hôwa
zweifeln shôndeho kôra
Zweig ḍal
zwischen moddhe

A

ãdhar dunkel; Dunkelheit
abar wieder
accha! gut!, okay!
acoron Benehmen
aḍha halb
adesh Anweisung, Befehl
adi Original
agami kommend, nächste/r/s
age vor (zeitl.)
ager letzte/r/s, vorherige/r/s
agomon kôra kommen
agun Feuer
ain Gesetz
aj(ke) heute
aj-kal heutzutage
akar Form, Gestalt
akash Himmel
äkdom na! kaum
alada anders; aussortieren
alga locker
allah Gott (mosl.)
ana bringen
angṭi Ring (am Finger)
anondito glücklich
anondo Freude, Glück
aoaj Lärm
apon eigene/r/s
ar(o) und, mehr
arombho Anfang
arombho kôra beginnen
asha Hoffnung; kommen
asha kôra hoffen
ashbab(-pôtro) Möbel
ashol echt, wirklich, rein
ashte-ashte allmählich
aste-aste langsam
aṭa Mehl (grob)
aṭha Leim
atma Seele
atta Seele
attiyo Verwandter
ayna Spiegel

B

ba oder
bãdha festbinden
bäbohar Benehmen
bäbohar kôra benutzen
babu Herr ...
baburci Koch
baburci-ghôr Küche (mosl.)
bãcano retten
bacca Kleinkind
bächa aussortieren
baḍha Hindernis
bagan Garten
baire draußen; hinaus
bajar Basar, Markt
baje kôtha Unsinn
bãka gebogen
bakko Satz
baksho Kiste, Koffer
bäkti Person
bali Sand
balika Mädchen
balish Kopfkissen
balok Junge
balti Eimer
balu Sand
banano machen, herstellen
bangla Bengali
bar(e)-bar(e) oft
baṛi Haus
bar-bar immer wieder
baron kôra verbieten
bash Bus
bãsh Bambus
bash kôra leben, wohnen
bashi schal
bästo geschäftig
bätha Schmerz
bätha dewa jdm. Schmerz zufügen
bätha kôra schmerzen, weh tun
bati Lampe
beca verkaufen
beche newa aussuchen
beshi viel
betôn Gehalt
bhag Teil
bhag kôra teilen
bhaggo Schicksal
bhaja braten
bhalo gut
bhalo hôwa gesund werden
bhalobasha lieben
bhalolaga mögen
bhanga brechen
bhangti Kleingeld
bhar Bürde, Last
bhaṛa Miete, Fahrpreis
bhaṛa dewa vermieten
bhaṛa kôra mieten
bhari schwer
bhasha Sprache
bhat Reis (gekocht)
bheja nass
bhija feucht
bhikkha kôra betteln
bhikkhuk Bettler
bhinno anders
bhôdrota Freundlichkeit
bhôgoban Gott (Hindu)
bhor(-bäla) Morgengrauen
bhôra voll
bhôy Angst
bhôy dekhano Angst einjagen
bhôy kôra Angst haben, sich fürchten
bhrômon Reise
bhrômonkari Reisender
bhul Fehler
bhul bojha missverstehen
bhulano täuschen (jdn.)
bhuliya jaowa vergessen
bhut! Geister! (Spuk)
bibahô Hochzeit
bibecôna kôra bedenken
bibhinno verschiedene
bibi Ehefrau
bichana Bett
bici Kern, Fruchtkern, Saat, Same
biday Abschied
biday kôra/dewa verabschieden (jdn.)
biday newa sich verabschieden
bideshi ausländisch
bideshi (lok) Ausländer
bij Saat, Same
bikri kôra verkaufen
bina ohne
bipod Gefahr
birôkto Ärger
birôkto kôra belästigen, stören
biruddhe gegen

bish Gift
bishesh besonder/e/es
bishoy Angelegenheit, Thema
bishoye über (Thema)
bishwash Glaube
bishwash kôra glauben
bisram kôra ruhen
biye Hochzeit
biye kôra heiraten
boba stumm
bodh Verstand
bodh hôy scheinen, erscheinen; vielleicht
bodh kôra fühlen
bôdlano wechseln
bodmaesh böse
bôdmaishi Bösartigkeit
bodmash Schurke
bodole an Stelle von
bôhon kôra tragen
boi Buch
bojha Bürde, Last
boka dumm; Dummkopf
bokami Dummheit
bôl Kraft, Stärke
bôla sagen
bôloban stark (Person)
bomi erbrechen
bomi kôra sich erbrechen
bon Schwester
boṇ Wald
bona stricken
bôndho geschlossen
bôndho kôra (ab)schließen
bondhu Freund
bonduk Gewehr
boṛi Pille
bôṛo groß
bôṛo hôwa wachsen
bôṛolok reich (Person)
bôrsha(-kal) Monsun
bôrtomane gegenwärtig, jetzt
bôsha sitzen (Ggs. zu setzen)
bôsta Beutel, Sack
bôtshor Jahr
bôyosh Alter
brihôt groß
brishṭi Regen
brishṭi pôra regnen
buddhi Verstand
bujha verstehen
bujhano erklären
buna säen
buṛi alt (Frau)
buṛo alt (Mann)
buro lok alter Mann

C

ca Tee
cãd Mond
cabi Schlüssel
cabi dewa abschließen
caka Rad
cakor Diener
caku Messer
cal Reis (ungekocht)
calak geschickt, schlau
calaki Trick
calano fahren, lenken
camoc Löffel
camṛa Leder
cap dewa drücken
capa drücken, pressen
cäpṭa flach
caṛa Pflanze
cawa wollen, wünschen
cena kennen
ceshṭa kôra versuchen
ceye als (Vergl.)
chad Dach
chapa(no) drucken (z.B. Buch)
chaṛa außer, ohne
chatri Schülerin, Studentin
chatro Schüler, Student
chaya Schatten
chela schälen
chele Junge, Sohn
chele-meye Kinder
chidro Loch
chobi Bild, Foto
choṭo klein, kurz
choto gach Pflanze
chũc Nadel
chuṛa werfen
churi Messer
cibano kauen
cinho Zeichen
cinta Gedanke, Sorge
cinta kôra sich sorgen
ciria-khana Zoo
ciruni Kamm
ciṭhi Brief
citkar Schrei
citkar kôra ausrufen, schreien
côkro Ring (Kreis), Rad
côla gehen

cor Dieb
côṛa hoch (Preis)
côshma Brille
cotur clever, schlau, geschickt
couṛa breit
culo Ofen
cuma dewa küssen
cumbôn kôra küssen
cup still
cup kôra still sein
cuṛi Armreif
curi Diebstahl
curi kôra stehlen
curuṭ Zigarre

D

ḍak Post; Ruf
ḍaka rufen
ḍakghôr Postamt
ḍal Zweig
ḍhala gießen
ḍhila lose
ḍuba sinken
dãṛano stehen
dabi Forderung
dabi kôra behaupten, fordern
däkha sehen
dakṭar Arzt
dam Preis
dami teuer
dan kôra schenken
dãṛi Bart
darikamano rasieren
dãt Zahn
dayi verantwortlich
dekha kôra besuchen
deri Verspätung
deri kôra sich verspäten
derite verspätet
desh Land
dewa geben
dewal Wand
dhaka dewa bedecken
dhakka dewa stoßen
dhalu fallend (Boden)
dhan Reis-Ernte
dhap Stufe
dhar dewa verleihen
dhar kôra ausleihen (für sich)
dhar(alo) scharf
dhatu Metall
dhire-dhire langsam
dhoirjo Geduld
dhoirjo dhôra geduldig sein
dhôngsho Zerstörung
dhôngsho kôra zerstören
dhoni reich (Person)
dhôra ergreifen, fangen, halten
dhôrmo Religion
dhowa waschen
dhula Staub
din Tag
dirgho groß, lang
dishlai Streichholz
diya durch (mittels)
diyasholai Streichholz
diye durch (mittels)
dôl Gruppe
dômon Unterdrückung
dondo Streit
dôr Preis, Rate
doṛi Seil
dôrja Tür
dorji Schneider
dôrkari notwendig, wichtig
dôrkhasto Antrag, Gesuch
dôrkhasto dewa beantragen
dosh Fehler
doshi schuldig; Schuldiger
doshi kôra anklagen
dôshtokhôt Unterschrift
dour dewa rennen
douṛano rennen
dôya Freundlichkeit
doya kore! bitte!
drishsho Anblick
du'kkhito traurig
dube jawa sinken
dur weit
durbôl schwach
durgôndho Gestank
dushṭo böse
dushṭomi Bösartigkeit
duṭo-i beide

E

ebông und
ei-bhabe auf diese Art, so
ek bar einmal
ek môt hôwa zustimmen
ek otre zusammen
ek rôkom gleich
ek shônge zusammen

ek sônge zusammen
eka allein
ekebare gänzlich, völlig, ziemlich
ekhane hier
ekhôn-i sofort (jetzt)
ekhon-o noch
ekhôn-o bis jetzt
ekhon-o-na noch nicht
ek-i gleich
ekṭu ein wenig
emni auf diese Art, so; umsonst

F

fãd Falle
fire asha zurückkehren
firiya asha zurückkehren
fõṭa Tropfen
fon kôra telefonieren
fôshol Ernte
foṭa kochen (selber)
fotano kochen (etw.)

G

gach Baum
gal Wange
gali Beleidigung
galica Teppich
gan Lied (allg.)
gan gawa singen
gan-bajna Musik
gäni weise
gaṛi Fahrzeug, Wagen
gha Wunde
ghono dicht
ghônṭa Glocke, Stunde
ghôṛ Zimmer, Haus
ghoṛi Uhr
ghora sich drehen
ghorano drehen (etw.)
ghriṇa Hass
ghriṇa kôra verabscheuen
ghum Schlaf
ghumano schlafen
girja Kirche
glani Schande
glash Glas
gôla(no) schmelzen
golap Rose
gole jawa schmilzen
goli Gasse
golmal Lärm
gôlpo Erzählung, Geschichte
gombhir ernst
gona zählen
gôndho Geruch
gôndho shuka riechen
gopone heimlich
gôṛe (im) Durchschnitt
gorib arm
gôrom heiß, warm, Hitze
gosal kôra baden
gôto letzte/r/s, vergangen
gôtoporshu vorgestern
gôyna Schmuck
gram Dorf
greptar kôra verhaften
grohon kôra annehmen, akzeptieren
guli Pille
guli kôra schießen
gun Eigenschaft (gute)

H

hä ja
hãsha lachen
hãshi Lachen
halka leicht
hangama Aufruhr
harano verlieren
haṭ Wochenmarkt
he (ishshôr)! oh (Gott)!
hingsha Eifersucht, Neid
hishab Rechnung
hôjom kôra verdauen
hôpta Woche
hôṭhat plötzlich
hote paṛe vielleicht
hôwa sein, werden, geschehen
hoye über (Weg)
hôyto möglicherweise
hridoy Herz (Gefühl)
hridpindo Herz (Organ)
hũka/hũko Wasserpfeife

I

iccha Wunsch
iccha kôra wünschen
iccha-katur willig
ishkul Schule
ishshar Gott (Hindu)

J

ja ja
ja kichu was immer
jadughôr Museum
jaga erwachen
jagano wecken
jahaj Schiff
jal Netz
jama-kapoṛ Kleidung
jana kennen, wissen
janala Fenster
jawa gehen
jayga Ort, Platz
je kono lok irgendeiner
jel Gefängnis
jele Fischer
jelkhana Gefängnis (Gebäude)
jhal scharf (Geschmack)
jhaṛu Besen
jhaṛu dewa fegen
jhõk Interesse
jhõp Busch
jhôgṛa Streit
jhôgṛa kôra streiten
jhola hängen (selber)
jhulano (hin)hängen (etw.)
jhuṛi Korb
jibôn Leben
jinish Ding, Sache
jjôla brennen (selber)
jodi falls, wenn
jôgot Welt (All)
jôl Wasser
jôlbayu Klima
joldi schnell
jôma kôra sammeln
jomidar Landbesitzer
jôngol Wald
jôntro Maschine, Motor
jontu Tier
jor Kraft
joṛa Paar
joṛa lagano verbinden
jore laut
joruri wichtig
jowan jung
jubôk junger Mann
juboti junge Frau

K

kãdher juli Tragetasche
kãca unreif
kache nah
kãci Schere
kada Schlamm
kãda weinen
kagoj Papier
kahil schwach
kaj Arbeit, Tat
kaj kôra arbeiten
kajer nützlich
kal morgen; Zeit
kala taub
kali Tinte
kamano rasieren
kämon wie
kamṛano beißen
kamra Zimmer
kap Tasse
kapoṛ Stoff
kapor-jama Kleidung
karon Grund; weil
karone wegen
kasha husten
kãṭa Gabel; Dorn
kaṭh Holz
kata schneiden
kebol nur
keho jemand
keho ... na niemand
kena kaufen
kena-kati kôra einkaufen
kendro Zentrum
keu-na niemand
khãṭi Original
khabar Essen, Mahlzeit
khãca Käfig
khäla Spiel
khäla kôra spielen
khali leer; nur
khana Essen, Mahlzeit
khaṛa kôra hinstellen (etw.)
kharap schlecht
khãṭi rein
khaṭo kurz
khawa essen, trinken
khet Feld
kheyal kôra bemerken
khõja suchen
khôbor Nachricht
khôborer kagoj Zeitung
khoda Gott (mosl.)
khôma kôra verzeihen
khôroc kôra ausgeben (Geld)
khũjiya pawa finden
khub sehr, viel
khub kôm selten
khun kôra töten

khushi glücklich, zufrieden
khushi hôwa sich freuen
khushi kôra Freude bereiten
kichu einige, etwas, manche
kichuna nichts
kingba oder
kintu aber
kipte geizig
kkhuda Hunger
kkhuda laga hungrig sein
klanto müde
kobi Dichter
kobita Dichtung, Gedicht
kôdacit selten
kôfi Kaffee
kôkhon-o na nie
kôl (pamp) Pumpe
kôlosh/kolshi Krug
kôm wenig
kôm pokkhe mindestens
kômbol Decke
kon(a) Ecke
kono irgendein
kono lok jemand
kono rôkome irgendwie
kôṛa streng
kôra machen, tun
kôrjo dewa verleihen(Geld)
kormi Arbeiter
kôshṭo Ärger
koṭhin schwierig
koṭhinôta Schwierigkeiten
kôtha dewa versprechen
kotha-o-na nirgendwo
kôyek einige, manche
kôyek rôkom verschiedene
kripon geizig
krishôk Farmer
krôme-krôme allmählich
kuṛal Axt
kurshi Stuhl
kuya Brunnen

L

lafano springen
lagano anbringen
lajuk verschämt
laṭhi Stock
lekha schreiben
lekha-pôṛa kôra studieren
loha Eisen
lok Mensch, Person
lok(-guli, -gulo) Leute
lok'kho Ziel
lôk'khon Zeichen
lokkho kôra sehen, bemerken
lokshan Verlust
lok-songit Volkslied
lômba lang
lukano verstecken (etw.)

M

mach dhôra fischen, angeln
maina Gehalt
majhe-majhe manchmal
majhkhane mitten in
mali Gärtner
malik Besitzer, Boss
mana kôra verbieten
mancitro Landkarte
mane Bedeutung
mangsho Fleisch
manush Mensch
map kôra verzeihen
mara schlagen
maramari Kampf
mariya fela töten
mash Monat
mashjid Moschee
masṭar Lehrer
maṭi Boden, Erde
matha Kopf
matro nur
mejh Tisch
mejhe Boden
mela Jahrmarkt
meramot kôra reparieren
meshano mischen
meye Mädchen, Tochter
mishṭi süß; Süßigkeiten
miṭha süß
miṭhai Süßigkeiten
mitṭha kôtha bôla lügen
mitṭhuk Lügner
moddhe mitten in, zwischen
môhashoy Person
mohila Frau
môja Spaß
môjar interessant
mojbut haltbar, stark (Gegenstand)

mombati Kerze
mon Geist, Verstand
mondir Tempel
mone kôra denken
mone rakha sich erinnern
môra sterben; tot
môron Tod
môshari Moskitonetz
môt Meinung
moṭ gesamt
moṭa dick, fett
moṭamuṭi ungefähr
moto gleich (wie)
môtor Motor
môtor gari Auto
moyda Mehl (fein)
môyla schmutzig
mrito tot
mrittu Tod
mukti Freiheit
musafir Reisender
muslim Moslem

N

na nein, nicht
nac (kôra) tanzen
nalish Klage
nalish kôra sich beschweren
nam Name
naṛano schütteln
newa nehmen, akzeptieren
ni'shash tana atmen
nice unter
nicu niedrig
nijer eigene/r/s
nikoṭe nah
nimotron Einladung
niramish vegetarisch
nirjon still
nishcôy sicherlich, selbstverständlich,
nishe̱dh Verbot
nishe̱dh kôra verbieten
nisṭhur/niṭhur grausam
niye asha bringen
niye jawa mitnehmen
niyom Sitte, Regel, Methode, Gebrauch
nodi Fluss
nôgor Stadt
nômbor Anzahl, Zahl
nongor Anker
nôṛa sich bewegen
nôṛano bewegen (etw.)
nôrok Hölle
nôrom weich
nôshṭo hôwa verderben (z.B. Obst)
nôshṭo kôra verderben (etw.)
nouka Schiff (kleines)
nuton neu

O

o und
ôbak überrascht
obbhash Gewohnheit
obhimôt Meinung
ôbosheshe schließlich
ôbosshô sicherlich, selbstverständlich
ôbostha Zustand
oḍhikari Besitzer
ôdbhut seltsam
ôhongkar Stolz
ôjana lok Fremder
ojon Maß (Gewicht)
ojon kôra wiegen (etw.)
okhane dort
okkhor Buchstabe
ôlosh faul (nicht fleißig)
ôlpo ein wenig
ôlpo bôyosher jung
ômor unsterblich
ônath Waise
ôncol Gebiet
ôndho blind
ôndhokar dunkel; Dunkelheit
ônek viel(e)
ôngsho Teil
onno andere/r
onubad Ubersetzung
onubad kôra übersetzen
onumoti Erlaubnis
onumoti dewa erlauben
onuro̱dh Bitte
onuro̱dh kôra bitten
ôpe̱kkha kôra warten
ôpoman Beleidigung
opore auf (oben)
oṛa fliegen
ôrḍhek halb
ôrtho Bedeutung
ôshombhôb unmöglich
ôshontushṭo unzufrieden
oshshikar kôra bestreiten

ôshukh Krankheit
ôshustho Krank
otirikto zusätzlich
otithi Gast
oushôdh Medizin

P

pagol verrückt
pahaṛ Berg
pak kôra kochen (etw.)
paka reif
pakha Ventilator
pan Betelblatt
pan kôra trinken
pani Wasser
pap Sünde
par hôwa überqueren
paṛa Gebiet
para pflücken
para können
pashe neben
paṭ Jute
paṭhano schicken
pata Blatt; Seite
pathor Stein
patla dünn
pawa erhalten
paykhana Toilette
perek Nagel
pesha Beruf
pipasha Durst
pitol Messing
põka Insekt
põuchano ankommen
pobitro heilig
pôca faul, verdorben
pôcho̲ndo Gefallen
pôcho̲ndo kôra mögen
pôkeṭmar Taschendieb
ponjika Kalender
poṛa (ver)brennen (etw.)
pôṛa fallen
pôṛa lesen, studieren
poṛia shunano vorlesen
poṛiya thaka liegen
pôra tragen (Kleidung)
pôrda Vorhang
pôre nach
poribar Familie
porikkha Prüfung
porishka̲r sauber
porishka̲r kôra säubern
porjonto bis
poshu Tier
pôth Pfad, Weg
potrika Magazin
pôysha Geld
pôysha dewa zahlen
pray fast, ungefähr
pray-i ... na kaum
prem Liebe
prithibi Welt (Erde)
prithôk separat
prokitopokkhe tatsächlich
proman Beweis
proshno Frage
proshongsha Lob
proshongsha kôra loben
prosra̲b Urin
prosra̲b kôra urinieren
prostab Vorschlag
prostut bereit
prostut kôra vorbereiten
protibeshi Nachbar
protig̲g̲a Versprechen
protig̲g̲a kôra versprechen
prottek jede/r/s
pukur Teich
pul Brücke
pulish Polizei
puraton alt (Ding)
puroshkar Belohnung
purush Mann
pushkorini Teich

R

rag Zorn
rag (kôra) wütend sein
raja König
rajdhani Hauptstadt
rakha aufbewahren, halten, stellen
rani Königin
ranna kôra kochen
ranna-ghôr Küche
rasta Straße, Weg
rejgi Kleingeld, Münzen
reshom Seide
riti Gebrauch, Sitte
ritimoto regelmäßig
ritu Jahreszeit
rôbar Gummi
rog Krankheit
rogi Krank
rôha bleiben
roj täglich
rokkha kôra schützen
rôkom Art, Sorte
rôkto Blut
rông Farbe

rôsh Saft
rôshal saftig
roshid Quittung
rosshi Seil
rugi Patient
rumal Taschentuch

S

shãtar dewa/kaṭa schwimmen
shaban Seife
shabdhane sorgfältig
shad Geschmack
shad newa/kôra/pawa schmecken (etw.)
shadharon gewöhnlich
shahajjo Hilfe
shahajjo kôra helfen
shaheb Herr ...
shahosh Mut
shahoshi mutig
shaikel Fahrrad
shakkhor Unterschrift
shal Jahr
shamne vor (örtl.)
shanti Frieden
shara ganz
shashon kôra regieren; tadeln
shashto Gesundheit
shathi Gefährte
shẽka backen
shei jonno deshalb
shekha lernen
shekhano lehren
shelai (kôra) nähen
shenabahini Armee
shesh Ende
shesh kôra beenden
shesh-porjonto schließlich
shĩṛi Treppe
shiddho gar
shiddho kôra (gar) kochen
shighro schnell
shigreṭ Zigarette
shikar kôra eingestehen
shikhoyitri Lehrerin
shikkha Lehre
shikkha dewa lehren
shikkha kôra lernen
shikkhok Lehrer
shima Grenze
shishu (bacca) Baby
shit kôra frieren
shôb alle, alles, gänzlich
shôbdo Klang, Wort
shobur kôra warten, geduldig sein
shôfor Reise
shôhoj leicht
shôhor Stadt
shoi Unterschrift
shoi kôra unterschreiben
shoinik Soldat
shoja geradeaus; leicht
shojjo kôra erdulden
shojjo kôra tragen
shôjon Verwandter
shôkol jede/r/s
shokti Kraft, Stärke
shoktishali stark (Person)
shôkto hart
shômaj Gesellschaft
shoman eben(mäßig), glatt
shoman-shoman gleich (wie)
shômbhôb möglich
shômman Respekt
shômman kôra/dewa respektieren
shomoshto ganz
shomôy Zeit
shomôy katano verbringen (Zeit)
shomôy-shomôy gelegentlich
shona Gold; hören
shônḍhan suchen
shôndeho Misstrauen
shôndeho kôra zweifeln
shôndesh Süßigkeiten
shôndhan kôra suchen
shôngbad Nachricht
shongi Gefährte
shongit Musik
shônkha Anzahl, Zahl
shôntushṭo glücklich, zufrieden
shôpno Traum
shôptaho Woche
shôr Sahne; Stimme
shôṛok Straße, Weg
shordi Erkältung
shoru eng
shoshyo Ernte
shôsta billig
shôt ehrlich
shotto wahr

showa hinlegen, sich
shôyôn kôra sich hinlegen
shromik Arbeiter
shubidha Gelegenheit
shuddho korrekt, rein
shuddho kôra berichtigen
shudhu nur
shugôndho Wohlgeruch
shujog Chance, Gelegenheit
shukh Glück
shukhi glücklich
shukna trocken
shundôr schön
shupuri Betelnuss
shurjjo Sonne
shusshadu lecker
shustho gesund
shustho hôwa gesund werden
skul Schule
snan (kôra) baden
sôbsômet gesamt
spôrsho kôra/chõwa berühren
spôshṭo klar (deutlich)
sthan Ort
strilok Frau
subash Wohlgeruch
surjo-kirôn Sonnenschein
susshadu wohlschmeckend

T

ṭaka Geld
ṭaka dewa zahlen
ṭaka-pôysha Geld
ṭan Interesse
ṭana ziehen
ṭaṭka frisch (Gemüse)
ṭhanḍa kalt
ṭhaṭṭa kôra scherzen
ṭhik gut, richtig
ṭhik kôra reparieren, in Ordnung bringen
ṭhikana Adresse
ṭhôkano betrügen
ṭôk sauer (Geschmack)
ṭukṛo Stück
ṭukṛo kôra teilen (zerschneiden)
ṭukri Korb
taito tatsächlich
taja frisch
takano betrachten
talash (kôra) suchen
tamak Tabak
tap Hitze
tar Draht
taṛataṛi eilig
taṛataṛi kôra sich beeilen
tara Stern
tarikh Datum
taroka Stern
tẽto bitter
tel Öl
thaka bleiben, werden
thala Teller
thama halten
thamano anhalten (Taxi)
thana Polizeistation
theke von
tholi Tragetasche
thoṛa ein wenig (Hindi)
tikto bitter
tir Ufer
tôfat Unterschied; Entfernung
toiri fertig
toiri kôra anfertigen, bauen, herstellen
tôkhôn-i sofort (später)
tôla Etage; Stockwerk
tôrko Debatte
tôrko kôra streiten
trishna Durst
tulo Baumwolle
tulona kôra vergleichen

U

ũca hoch
uc'caron Aussprache
ucit angemessen
ud'deshe Absicht
ujjôl hell
ujjôl hôwa leuchten
ullekh kôra erwähnen
unun Ofen
upohar dewa schenken
upore über (örtl.)
uporontu zusätzlich
uposhthit anwesend
uposhthit hôwa Erscheinen
uttor Antwort
uttor dewa antworten

Kauderwelsch-Sprechführer

gibt's für unheimlich viele Sprachen:

Der Autor

Rainer Krack, Jahrgang 1952, arbeitet als freier Journalist, hauptsächlich im Raum Asien. Auf über 20 Reisen durch den indischen Subkontinent hat er Land und Leute aus nächster Nähe kennengelernt, wobei ihm seine Sprachkenntnisse in Hindi, Urdu und Bengali so manche verschlossene Tür haben öffnen können. Sein besonderes Interesse gilt den Sprachen der Adivasi, der Ureinwohner Indiens, sowie geheimen Kulten und Riten.

Seit 1983 werden Rainer Kracks Arbeiten von internationalen Agenturen weltweit verbreitet. Dazu kam seit 1986 die Veröffentlichung einiger Bücher. Seine weiteren Pläne? – Schreiben, schreiben, schreiben und noch ein paar indische Sprachen dazulernen.

Vom gleichen Autor erschien in der Kauderwelsch-Reihe der Band „Hindi".